Histoire de l'Amérique latine

Pierre

Chaunu

Histoire de l'Amérique latine

QUADRIGE

PUF

DU MÊME AUTEUR

Séville et l'Atlantique (1504-1660), SEVPEN, 1955-1960, 12 vol. Première partie statistique, avec la collaboration d'Huguette Chaunu.
Les Philippines et le Pacifique des Ibériques, SEVPEN, 1960-1966, 2 vol.
L'Amérique et les Amériques de la préhistoire à nos jours, A. Colin, 1964.
La civilisation de l'Europe classique, Arthaud, 1971.
L'expansion européenne du XIIIe au XVe siècle, PUF, 1983.
Conquête et exploitation des nouveaux mondes, PUF, 1987.
La civilisation de l'Europe des Lumières, Arthaud, 1971.
L'Espagne de Charles Quint, SEDES, 1973, 2 vol., 660 p.
Histoire, science sociale, SEDES, 1983, 438 p.
Le temps des réformes. La crise de la chrétienté, l'éclatement, Fayard, 1981.
De l'histoire à la prospective, R. Laffont, 1976.
La mémoire de l'éternité, R. Laffont, 1976, 300 p.
Le refus de la vie, analyse historique du présent, Calmann-Lévy, 1976.
Les Amériques, XVIe, XVIIe, XVIIIe siècle A. Colin, 1976.
La peste blanche, Gallimard, 1976 (avec Georges Suffert).
L'Histoire économique et sociale de la France (1460-1650), PUF, 1977 (avec Richard Gascon).
Séville et l'Amérique aux XVIe et XVIIe siècles (avec Huguette Chaunu), Flammarion, 1977.
La mort à Paris (XVIe, XVIIe, XVIIIe siècle), Fayard, 1984.
La violence de Dieu, R. Laffont, 1978.
La mémoire et le sacré, Calmann-Lévy, 1978 ; Pluriel, 1979.
Histoire quantitative, histoire sérielle, A. Colin, 1978.
Le sursis, R. Laffont, 1978.
La France ridée (en collaboration), Pluriel, 1979.
Un futur sans avenir (avec Jean Legrand), Calmann-Lévy, 1979.
Histoire et Foi, France Empire, 1980.
Histoire et Imagination. La transition, PUF, 1980.
Église, culture et société. Réforme et Contre-Réforme (1517-1620), SEDES, 1980.
Histoire et décadence, Perrin, 1981.
La France, R. Laffont, 1982, et Pluriel, 1983.
Ce que je crois, Grasset, 1982.
L'Europe des Lumières, Flammarion, « Champs », 1982.
Pour l'histoire, Perrin, 1984.
Le temps des réformes, Éd. Complexe, 1984, 2 vol.
L'Europe classique, Arthaud-poche, 1984.
L'historien dans tous ses états, Perrin, 1984.
L'historien en cet instant, Hachette, 1985.
Rétrohistoire, Économica, 1985.
Au cœur religieux de l'histoire, Perrin, 1986.
L'aventure de la Réforme, DDB, Hermé, 1986, in-folio.
La liberté, Fayard, 1987.
Du big-bang à l'enfant, DDB, 1987.
L'obscure mémoire de la France, Perrin, 1988.
Apologie par l'histoire, Œil, Tequi, 1988.
Le grand déclassement, R. Laffont, 1989.
Trois millions d'années, R. Laffont, 1990.
Colère contre colère, Seghers, 1991.
Brève Histoire de Dieu, R. Laffont, 1992.
Colomb ou La logique de l'imprévisible, François Bourin, 1993.
Les enjeux de la paix, PUF, 1995.
Baptême de Clovis, baptême de la France, Balland, 1995.
Danse avec l'histoire, de Fallois, 1998.
Basculement religieux de Paris au XVIIIe siècle, Fayard, 1998.
Charles Quint (avec Michèle Escamilla), Fayard, 2000.
La femme et Dieu (avec Jacques Renard), Fayard, 2001.
Essai de prospective démographique (id.), Fayard, 2003.

ISBN 978-2-13-063106-4
ISSN 0291-0489

Dépôt légal — 1re édition « Quadrige » : 2012, avril
2e édition « Quadrige » : 2014, mars
2e tirage : 2015, novembre

« Que sais-je ? »
6, avenue Reille, 75014 Paris

Introduction

À la rencontre de deux mondes

Du 32e degré de latitude nord au 54e degré de latitude sud, l'Amérique latine couvre 21 173 000 km^{2}, 15,9 % des terres émergées. C'est sous ce terme que l'on a coutume de désigner l'immense fraction du continent américain découverte, peuplée et colonisée par les peuples ibériques, espagnols et portugais.

Parler d'Amérique latine, c'est affirmer l'unité de ce monde, en opposition à l'Amérique anglo-saxonne, et des 215 millions d'hommes qui parlent dans leur immense majorité, plus ou moins déformées dans des bouches étrangères, les langues castillane et portugaise. On pourrait écrire les histoires des Amériques latines, c'est l'histoire de l'Amérique latine que nous voulons écrire, parce qu'il faut choisir, parce que nous estimons aussi que l'unité l'emporte finalement sur la diversité.

L'Amérique latine participe au prodigieux isolement du nouveau continent entre les deux masses liquides de l'Atlantique et du Pacifique. La plus grande de toutes les îles, disent les historiens américains. Bâties sur le même schéma orographique Nord-Sud, les deux Amériques présentent la même alternance d'Ouest en Est : grande masse montagneuse tertiaire, grande plaine récente, piliers anciens. Immensité aussi. Mais là s'arrête l'analogie entre les deux Amériques.

L'Amérique latine, en opposition à l'Amérique anglo-saxonne, est un continent tropical, avec tout ce que cela implique de limitations, limitation des surfaces utilisables, limitation de la richesse des sols, limitation de l'activité humaine, pour l'Européen surtout, privé de l'alternance des saisons, nécessaire à son organisme : en dehors de la pampa, l'Amérique latine est une Amérique des plateaux. Les deux grandes civilisations auxquelles les Espagnols se sont heurtés furent, aussi, civilisations de plateaux. Mayas et Aztèques du Mexique, Chibchas de Colombie, Incas des Andes, en contraste avec le monde des plaines, seuls avaient atteint un degré avancé de culture.

Au contact de l'Espagnol, pionnier de l'Europe conquérante, tout ce monde s'est écroulé. Les civilisations indiennes les plus brillantes ont cédé le pas à la culture européenne, avec une extraordinaire rapidité. Faiblesse congénitale de l'humanité indienne ? Il y avait, peut-être, l'espoir en elle de possibilités, différentes sinon aussi riches, que celles de l'Ancien Monde. Le temps a manqué, c'est lui le grand responsable de l'avortement que porte la réussite colombienne.

Quelle que soit son origine, que la race indienne soit venue d'Asie, par les Aléoutiennes et l'Alaska, ou qu'elle ait franchi l'océan Pacifique « en sautant d'îles en îles » sur ses pirogues à balancier, il reste un point sur lequel tous les avis autorisés concordent : la relative jeunesse de l'humanité indienne. La première prise de possession de l'Amérique par des hommes venus d'Asie se placerait à l'extrême fin du Paléolithique et à l'aube du Néolithique, entre 15 000 et 10 000 avant J.-C. Le caractère insulaire du Nouveau Monde éloigné, du nombril eurasiatique de l'espèce humaine, explique la jeunesse de l'humanité précolombienne et partant, sa faiblesse.

À la fin du XVe siècle et au début du XVIe, les Indiens des plateaux excellent dans la métallurgie du cuivre, de l'or et de l'argent, mais ils ignorent l'usage du fer. La nature n'a pas mis à leur disposition, comme elle l'a fait pour l'humanité de l'Ancien Monde, le moteur musculaire du bœuf et du cheval. Aucune cohésion d'un peuple à l'autre, aucune cohésion sociale interne – la propriété individuelle n'a pas attaché l'homme au sol –, une civilisation qui dans le cas aztèque ne croit même pas en elle et qui, à l'optimisme chrétien, ne peut opposer que le pessimisme fondamental de sa mythologie cruelle. La lutte entre l'Indien et l'Espagnol, représentant de la civilisation européenne en pleine révolution technique, la lutte du pot de fer contre le pot de terre.

Sur l'autre rive de l'Atlantique, l'Europe est en train de sortir de ce que nous appelons le Moyen Âge. À l'extrême pointe occidentale, l'Ibérie aux marches de la chrétienté, au contact du monde arabe qui l'a imprégnée pendant huit siècles, vient de clore la *Reconquista,* par la prise de Grenade (1er janvier 1492). Par leur mariage, les Rois Catholiques, Isabelle de Castille et Ferdinand d'Aragon, ont réalisé la première ébauche de l'unité espagnole.

Ces deux fragments inégaux de l'humanité se sont développés parallèlement, sans interférence. Ils entrèrent en contact à la fin du XVe siècle par le truchement ibérique. La chrétienté occidentale porte, évidemment, la responsabilité de cette rencontre, d'ailleurs fortuite.

La poussée démographique contraint, depuis le XIIe siècle, la chrétienté occidentale à l'intelligence. Le défi musulman, au sud, puis à l'est, commande, avec la crue des hommes, les mécanismes psychologiques profonds de l'expansion. Lentement, les cités maritimes forgent les instruments d'une navigation hauturière : la caravelle manœuvrière grâce aux possibilités du gouvernail d'étambot, la boussole et les premiers rudiments de ce qui sera, plus tard, beaucoup plus tard, la navigation astronomique. L'essor du grand commerce développe la passion des épices et le besoin du métal monétaire. La péninsule Ibérique – le Portugal plus que la Castille – donne à ce défi collectif une réponse maritime. Colonisation des îles sucrières à esclaves, Canaries,

Madère, Açores. Exploration de la côte de l'Afrique en vue d'une liaison directe avec le Soudan pour l'or et les hommes. C'est au cours de cette exploration des côtes de l'Afrique, entre 1460 et 1470, environ, que naquit l'idée d'aller directement aux Indes, en faisant l'économie de l'intermédiaire arabe.

Pour se procurer les épices d'une façon plus sûre et moins onéreuse, pour se procurer l'or nécessaire au paiement des épices et à la Croisade, pour donner la main aux chrétientés que la légende place très loin à l'est, il faut aller aux Indes, où l'imagination d'une chrétienté malade a placé les montagnes d'or du Cipangu.

Pour aller aux Indes, la panacée de tous les maux, deux solutions. La solution portugaise, la voie des sages qui cherchent vers le sud à doubler le cap. Celle que réalise Vasco de Gama, en 1498. Pour aller aux Indes, la voie d'un fou, par l'ouest, puisque la terre est ronde. La solution que Colomb réussit à faire accepter à Isabelle la Catholique.

Et c'est ainsi qu'un certain 11 octobre 1492, Christophe Colomb, parti à la recherche du Cipangu et de ses montagnes d'or, des Indes et de leurs épices, rencontra sur son chemin une île minuscule de l'archipel des Bahamas, et sans le savoir, par inadvertance, découvrit l'Amérique.

Au point d'impact de l'humanité indienne et de l'humanité ibérique, l'Amérique latine est née.

PREMIÈRE PARTIE

L'Amérique latine coloniale (1492-1808)

Si l'Amérique latine est bien le résultat d'une synthèse qui s'est faite, sans conteste, d'abord au détriment de l'élément indien, c'est au cours de trois siècles et demi d'histoire coloniale qu'elle est née. On ne saurait trop insister sur leur importance, parce qu'ils ont donné à l'Amérique latine les grands traits de son caractère. Au cours de ces trois siècles, les deux éléments indien et ibérique se sont fondus, les nègres ont été apportés par la traite, l'Amérique latine est devenue ce qu'elle est toujours, le pays de l'économie destructive.

Importance primordiale de l'ère coloniale, unité primordiale aussi. En moins de cinquante ans de la plus formidable aventure qui ait jamais existé, les *conquistadores*, à la poursuite de leur rêve fou de lucre et d'idéal, parcourant d'une extrémité à l'autre, en long et en large, fouillant jusque dans ses recoins leur domaine construit à la mesure du continent, ont achevé, dans ses grandes lignes, la conquête de l'Amérique latine. Ensuite, de 1550 à 1808, c'est une histoire statique qu'il nous faut étudier, une histoire où les événements ne se déroulent plus qu'avec une majestueuse lenteur, où les événements, plus exactement, se déroulent en profondeur, dans les structures sociales d'un monde qui se crée. Si l'on adopte la classification de l'histoire en trois types que Fernand Braudel propose : histoire événementielle, histoire structurale, histoire immobile, c'est à ce troisième type, sans doute, qu'il faut rattacher les trois siècles d'histoire coloniale hispano-américaine qui s'étendent depuis la fin de l'aventure des *conquistadores* jusqu'à la Révolution du XIXe siècle.

Ces considérations dicteront notre plan ; après le siècle des *conquistadores* qui finit vers 1550, nous présenterons le tableau de cette Amérique coloniale immobile, sous deux angles : organisation administrative de la conquête, d'abord ; société coloniale, ensuite.

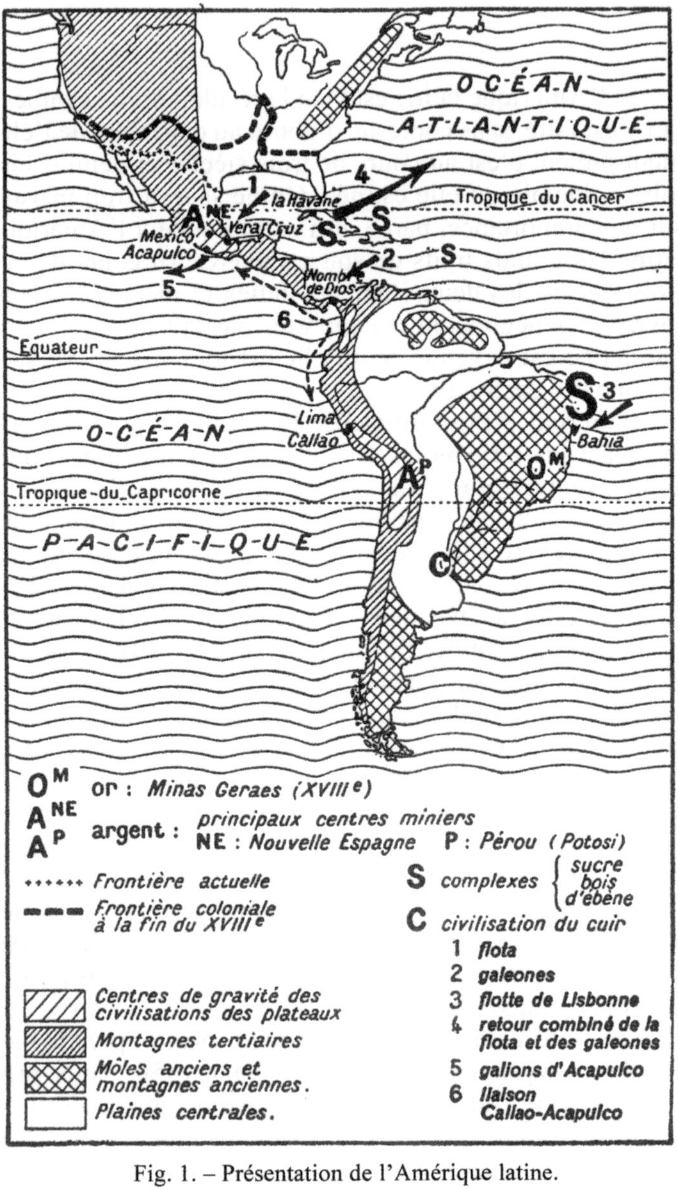

Fig. 1. – Présentation de l'Amérique latine.

Chapitre I

Le siècle des conquistadores (1492-1550)

I – L'EMPIRE DES ÎLES ET DES CÔTES (1492-1519)

Le 24 décembre 1492, Christophe Colomb fondait, dans l'île d'Española, l'actuelle Saint-Domingue, le modeste établissement de la Navidad. Quelques hommes, une bicoque : l'embryon de l'Empire, « sur lequel le soleil ne se couchait jamais ». Puis Colomb regagna l'Espagne pour y être accueilli triomphalement par les Rois Catholiques.

Les terres rencontrées sur la route des Indes, il importait à l'Espagnol de s'en faire confirmer la possession, surtout contre la jalousie du roi de Portugal, Jean II. Le Portugais, depuis des années, cherchait par le sud la route des Indes, l'Espagnol, favorisé par le hasard, semblait avoir gagné, d'un seul coup de dés, ce que des années d'efforts n'avaient pas donné encore au voisin de l'Ouest. Pour se faire confirmer la possession tranquille de leurs conquêtes nouvelles, et plus encore de celles qu'ils étaient en droit d'espérer dans la voie tracée par Christophe Colomb, les Rois Catholiques se tournèrent vers le pape, l'autorité supérieure à laquelle le droit public de l'Europe médiévale reconnaissait le pouvoir d'allotir les terres non encore possédées par un prince chrétien. Le Portugais n'avait-il pas obtenu déjà toute une série de bulles confirmant ses droits sur les côtes d'Afrique[1] ? L'occasion était excellente ; un pape espagnol, Alexandre VI, occupait le trône pontifical, et seules les intrigues des Rois Catholiques lui avaient valu un poste que ni sa vertu ni son avoir ne lui eussent donné.

Pour couper court aux menaces portugaises, la diplomatie espagnole obtint sans peine de la curie pontificale la publication d'une série de bulles (mai 1493) dont la dernière, la bulle *Inter cœtera* fixa de façon précise domaine espagnol et domaine portugais. Elle traçait entre eux une ligne idéale unissant les deux pôles et passant par un point à 100 lieues à l'ouest des îles du Cap-Vert : à l'ouest de cette ligne, toute terre nouvellement découverte appartiendrait à la Castille. La solution espagnole triomphait ; trop pleinement sans doute. Le Portugal était frustré, la Papauté reniait ses promesses de 1481. Pour calmer les fureurs de Jean II, les Rois Catholiques signaient, le 7 juin 1494, le traité de partage de Tordesillas qui modifiait légèrement au profit du Portugal les stipulations des bulles pontificales. La ligne de démarcation était reportée plus à l'ouest, à 370 lieues désormais des îles du Cap-Vert. C'est en vertu des bulles de 1493 que l'Espagne a toujours prétendu à l'entière possession des Indes castillanes, c'est en vertu de ces bulles aménagées par le traité de Tordesillas que les Portugais ont fondé en droit leurs installations sur la côte du Brésil.

Le 24 avril 1500, le Portugais Pedro Álvares Cabral, parti sur la route du Sud, touchait par hasard la côte du Brésil à Porto Seguro, près de l'actuelle Bahia. Neuf ans plus tard, Diogo Álvares Correa, jeté sur la côte, à proximité du lieu où Cabral avait abordé, passait un traité avec un roitelet indigène et créait la première famille métisse.

1. Par la bulle *Æterni Regis* de 1481, le Portugal avait obtenu la possession de toute terre au Sud des Canaries et à l'Ouest des côtes de Guinée afin d'y propager la foi chrétienne.

Il fut le vrai fondateur du Brésil. Un autre Portugais, João Ramalho l'imitait dans la région de São Paulo. En 1526, Aleixo Garcia, débarquant dans l'État actuel de Santa Catarina, partait à la recherche de l'or, à la tête d'une bande d'indigènes. La même année, Christovão Jacques, un Espagnol au service du roi du Portugal, fondait près de Pernambuc une exploitation de canne à sucre. Modestement et lentement s'ébauchait, selon le partage de Tordesillas, l'Empire portugais d'Amérique. Les Portugais, que les perspectives commerciales des Indes orientales intéressaient plus que l'exploitation du Nouveau Continent, ne comprirent que tardivement l'intérêt du domaine que le hasard leur avait donné à l'ouest.

La conquête de l'Amérique fut d'abord et avant tout un fait espagnol. Persuadé qu'il avait atteint les avant-postes des Indes, Christophe Colomb s'obstinait. Par trois fois, il retourna aux Indes, achevant d'individualiser les côtes de la Méditerranée américaine. Disgracié, il mourut sans avoir compris sa méprise. Pendant les trente années qui suivirent le premier voyage de Colomb, les Espagnols prirent possession des Grandes Antilles. Amerigo Vespucci, qui donna son nom au Nouveau Monde, Ojeda, Juan de la Cosa... Nuñez de Balboa qui arrive le premier (25 septembre 1513) sur les rives du Pacifique... surpris virent surgir devant eux un continent nouveau.

Il n'était guère encore pour les Espagnols qu'un obstacle sur la route des épices, un obstacle à contourner. Ce fut la tâche que le Portugais Magellan (Fernão de Magalhães) s'efforça de mener à bien, pour le compte du roi d'Espagne (1519-1521). De son aventure, il nous suffit de retenir le pas décisif qu'il fit faire à la connaissance du continent, et les droits qu'il donnait à son maître sur les futures Philippines, cette annexe lointaine de la Nouvelle-Espagne, qui s'ébauchait au moment même où Magellan quittait les rives européennes.

II – LA CONQUÊTE DES EMPIRES (1519-1550)

1. **La conquête de la Nouvelle-Espagne.** – En 1519, l'ère des tâtonnements est close. Déçus par les Antilles où ils n'avaient pas trouvé ce qu'ils cherchaient, incapables de soutenir leurs plantations avec la main-d'œuvre indigène, qui fondait au travail forcé, comme neige au soleil[1], attirés par les récits des indigènes soucieux de leur plaire, mus aussi par le désir de conquérir de nouvelles âmes au Christ et de gagner le Ciel, tout en faisant couler un pactole au fond de la « Vallée de larmes », les Espagnols lancèrent plusieurs expéditions malheureuses sur la côte mexicaine (1517-1519).

C'était au cœur du monde indien, aux fortes civilisations des plateaux que l'Espagnol se heurtait désormais. Sur les plateaux du Mexique, qui déroulent entre 2 et 3 000 m leur *tierras frias*, deux civilisations brillantes étaient encore juxtaposées.

La plus ancienne, la plus raffinée, la civilisation Maya, originaire des plateaux de l'Anahuac, avait été refoulée peu à peu sur la côte. Mais quand Cortès débarqua sur la rive mexicaine, les Aztèques venaient de fonder une domination militaire. Notre optique a été souvent faussée par cette coupe brutale qui fixa l'heure peut-être sans lendemain de la grandeur aztèque. C'est une culture âpre en pleine évolution qu'anéantit l'aventure castillane, le temps peut-être lui a manqué pour dépasser le stade de pessimisme sanglant, où elle s'attardait encore au XVIe siècle. Une religion raffinée et barbare : culte du soleil et de la lune, culte d'un panthéon bizarre, des dieux cruels qui réclament de leurs fidèles des sacrifices sanglants et qui font de la guerre, pourvoyeuse de prisonniers destinés aux sacrifices, une nécessité cultuelle.

1. Il est difficile d'apprécier la population des Antilles au départ. Le chiffre de 300 000 avancé par beaucoup d'historiens américains (cf. notamment A. Curtis Wilgus, p. 151) ne repose sur rien. Il était certainement beaucoup plus élevé, proche, peut-être, du demi-million pour la seule Saint-Domingue. Pour Saint-Domingue, on tombe à 50 000 dès 1510, 16 000 au début des années 1930. Pratiquement, plus rien dix ans plus tard. Il en va de même pour l'ensemble des Antilles (cf. P. Chaunu, *Séville et l'Atlantique,* t. VIII, 1, p. 495 *sq.*).

À la tête de cet état militaire et théocratique, le roi était choisi au sein d'une famille élue, par un conseil d'anciens. La terre, base de toute richesse, appartenait aux dieux et à l'État ; le clan répartissait ce que ces puissances lui laissaient. Une partie de la main-d'œuvre était fournie par les esclaves, anciens prisonniers de guerre ou condamnés de droit commun.

Une technique qui n'avait pas encore atteint l'âge du fer.

Pour venir à bout des Aztèques, Velázquez, le gouverneur de Cuba, eut recours à Hernando Cortès, le plus beau type du *conquistador*.

Né en Estrémadure en 1485, Hernando Cortès était de petite noblesse ; sa famille l'envoya à Salamanque, pour y faire son droit, mais irrésistiblement appelé par le métier des armes, il gagna finalement Española, où il se révéla homme d'audace et de plaisir. Doué d'une énergie indomptable, d'une confiance absolue en son destin, Cortès joignait à la passion du gain une foi ardente à l'espagnole.

Partout, l'affirmation la plus agressive de l'individu. Révoqué par Velázquez, Cortès brusque son départ de Santiago (18 nov. 1518) et passe trois mois sur les côtes de Cuba à compléter ses forces dans le propre domaine de son chef, sans que l'on ose lui résister, tant on sait l'homme décidé à agir sans scrupule, tant l'espace américain à l'aube du XVIe siècle et peu perméable à une autorité centrale.

Les moyens dont il dispose peuvent sembler dérisoires : 11 navires d'environ 100 tonneaux, 600 soldats, qui ne sont pas tous espagnols ; 100 canons, 16 chevaux, 2 interprètes. Ses atouts : la supériorité technique, la terreur que jettent dans des âmes simples les armes à feu et les chevaux, les divisions de l'adversaire et surtout l'ardeur des troupes espagnoles, la supériorité du chef.

En février 1519, Cortès débarque sur la côte du Yucatan. Informé de la richesse de l'Empire aztèque de Montezuma, il en décide l'attaque contre l'avis des siens, après avoir pris soin de se faire réinvestir par la municipalité de Villa Rica de Veracruz, nouvellement créée.

Après un raid épique à travers le pays où il a su jouer, comme César, des divisions des indigènes et des haines suscitées par la domination aztèque, il pénètre le 8 novembre 1519 dans Tenochtitlan (Mexico), isolée au milieu de son lac. Il s'empare de Montezuma, retourne à la Veracruz pour écarter le danger d'une contre-expédition envoyée par Velázquez, et revient à temps pour écraser non sans mal une révolte générale des Indiens exacerbés par l'iconoclasme et l'avidité de leurs nouveaux maîtres. Cortès, justifié par sa victoire et plus encore par le tribut et le butin conquis, est nommé « gouverneur », investi d'une autorité illimitée pour consolider et parachever sa conquête.

L'Empire de Montezuma, grâce à sa position centrale, sert de base de départ à de nouvelles conquêtes, vers le sud et vers le nord ; vers le sud, où Pedro de Alvaredo, Cristobal de Olid, Cortès lui-même cherchent à faire la jonction avec les positions de l'isthme, tandis qu'à Mexico, les intrigues se donnent carrière contre le gouverneur trop puissant. 1526 : Cortès est remplacé par un fonctionnaire, le terne Luis Ponce de Léon. Le marquisat de la vallée de Oaxaca, une prodigieuse fortune ne pourront le consoler. En Nouvelle-Espagne pourtant, l'ère des *conquistadores* est close. Le 13 décembre 1527 : la première *audiencia* de la Nouvelle-Espagne est établie, la conquête fait place à l'organisation.

Mais elle se prolonge vers le nord, à la recherche, là aussi, des richesses plus ou moins mythiques, qui, après avoir jeté les Espagnols à travers l'Atlantique, venaient de les conduire sur le continent. Sur la côte de l'actuelle Californie, Francisco de Ulloa se jette en 1539, sur les traces de Cortès vieillissant. À la recherche des « Sept Cités », de Cibola, de Quivira, ou d'autres pays du Nord, plus ou moins fabuleux, beaucoup sont partis, tous ne sont pas revenus… Un Nuño Beltrán de Guzmán (1529-1530), un Nuñez Cabeza de Vaca (1539-1542)…, un De Soto, plus habile, au cours de ses périples à travers le Sud-Est des États-Unis actuels, à la chasse à l'Indien qu'à la découverte de l'or…, tous plus ou moins heureux, tous poussés par le même rêve héroïque et brutal.

2. **La conquête de la Nouvelle-Castille**, entendez, non seulement du Pérou, mais pratiquement, au sens large, de toute l'Amérique du Sud espagnole, offre des analogies profondes avec la conquête de la Nouvelle-Espagne. Le même mobile : la recherche de l'or, plus brutale encore, sans même une teinte d'idéalisme religieux. Une personnalité puissante : Francisco Pizarro. Un État à vaincre, l'Empire incas ; deux fortes cultures indigènes à briser, la culture incasique et la culture chibchas.

Dans les hautes vallées de l'actuelle Colombie, la civilisation chibchas est celle d'un peuple d'habiles agriculteurs, pacifiques, aux mœurs matriarcales. Mais la civilisation incasique reste la grande civilisation des Andes précolombiennes, une civilisation des plateaux par excellence, qui finit par s'étendre sur l'ensemble de la chaîne andine, depuis l'Équateur jusqu'au Nord du Chili, et dont le berceau se trouve quelque part dans le couloir qui s'étend à plus de 3 000 m de Cuzco au lac Titicaca. L'Empire incas est une puissance théocratique, sur laquelle la classe des prêtres exerce une autorité quasi illimitée.

C'est à la fois par son organisation économique et sociale, par son communisme agraire d'État et par l'ampleur des travaux collectifs accomplis que la civilisation incasique nous frappe. Le sol était divisé en trois parts inégales, l'une, réservée au dieu solaire, l'autre au roi, la troisième au peuple. Chaque famille recevait un lot proportionnel à ses besoins. La propriété individuelle du sol n'existait pas ; force et faiblesse. Force, puisque le régime incas a permis la réalisation de prodigieux travaux d'ordre collectif, palais, temples, système de routes dallées, forteresses aux points stratégiques, cultures en terrasses, aqueducs pour l'alimentation des villes et pour l'irrigation ; faiblesse peut-être aussi, puisqu'il préparait un peuple de paysans moutonniers à se soumettre à toutes les exigences, en fait, à changer de maîtres.

Francisco Pizarro était un bâtard, illettré, de l'Estrémadure. Il entendit parler, à Panama, des richesses du pays incas. Avec l'aide de deux aventuriers, Diego Almagro, un illettré comme lui, plus avide et plus féroce s'il est possible encore, et Hernando de Luque, il organisa des expéditions vers le sud. Mal soutenues par les autorités de l'isthme, elles échouèrent. Passant outre à l'hostilité de l'administration locale, Pizarro gagna l'Espagne, où il obtint de l'Empereur, le 26 juillet 1529, une « capitulation » en règle, qui l'investit de la mission d'annexer au domaine espagnol, l'Empire incas, et lui conféra pleins pouvoirs sur une bande de territoire de 200 lieues d'épaisseur à partir de la côte. Almagro fut moins bien servi. Le partage de 1529 portait en lui la promesse de querelles futures.

> Pizarro quitta Panama en janvier 1531, avec 180 hommes et 37 chevaux, moins encore que Cortès, pour un pays plus vaste et plus difficile d'accès : plateau de 3 à 3 500 m d'altitude, coincé entre des chaînes de montagnes dépassant 6 000 m. Et cependant, Pizarro réussit en deux ans, par la ruse et par la violence, à jeter à terre l'Empire des Incas.
>
> Pour se rendre maîtres du pays, il fallut aux Espagnols dix années qu'ensanglanta la guerre civile. Pizarro et Almagro succombèrent. Place était faite d'elle-même à l'autorité royale, pour recueillir les fruits de l'aventure pizarienne, comme elle avait, dix ans plus tôt, recueilli les fruits de l'aventure cortésienne en Nouvelle-Espagne.
>
> Le rôle que joua au nord l'Empire aztèque soumis, l'Empire incas le joua au sud, base des raids de Belalcazar, Federmann, Orellano, constructeurs prestigieux des Indes de Castille, tandis que pour accéder plus aisément aux richesses du Pérou, Pedro de Mendoza fondait une première fois Buenos Aires (1533).

Vers 1550, la conquête du continent est pratiquement achevée, du côté espagnol. Le Portugais n'occupe encore qu'une mince bande le long de l'Atlantique ; entre les Andes, cœur des Indes de Castille et le rebord du plateau brésilien, un immense hiatus persiste, à tel point qu'au cours des siècles à venir, les Portugais portèrent la frontière de leur

Empire, sans guerre ouverte, à plusieurs milliers de kilomètres au-delà de la ligne de Tordesillas. L'Araucan résiste, il résistera jusqu'au XIXe siècle. La Patagonie, la Pampa elle-même demeurent pour longtemps le domaine des *indios bravos,* les Indiens sauvages. La seconde partie du XVIe et les siècles suivants verront la Nouvelle-Espagne mordre en Floride, en Californie, dans le Nouveau-Mexique..., il n'en reste pas moins qu'en 1550, le gros œuvre est accompli, le siècle des *conquistadores* est clos, l'organisation et l'exploitation de la conquête commencent.

3. **Les caractères de la conquête.** – Les Ibériques, espagnols surtout, ont parcouru en tous sens en trente ans, de 1519 à 1550, les 24 millions de km^2 d'un domaine dont les limites spatiales sont à peu près définitivement marquées.

Prodigieuse rapidité de cette merveilleuse aventure réalisée avec des moyens insignifiants. Cortès est parti à l'assaut de l'Empire aztèque avec 600 hommes, Pizarro s'est lancé « à l'assaut de l'Empire des Andes avec 180 hommes. Les autres grands dévoreurs d'espaces n'ont jamais eu, sous leurs ordres, plus d'une poignée d'aventuriers ; avec ces armées insignifiantes, ils ont vaincu les embûches d'un pays inconnu, hostile, et qui n'est pas bâti à l'échelle humaine : Pizarro passe tour à tour des plaines fiévreuses des côtes aux plateaux de l'intérieur. Orellano parcourt des dizaines de milliers de lieues à travers les forêts de l'Amazone, en butte constamment à l'inconnu. Conquête réalisée parfois sur des peuplades attardées, au centre de l'Amérique du Sud et dans les îles, mais aussi sur des peuples, parvenus, comme les Incas, à un degré de complexité et d'organisation sociale rarement atteint ; lutte de poignées d'hommes affamés et brisés de fatigue, contre des multitudes, conquête totale suivie partout d'un effondrement total des cultures indigènes et de leurs organisations politiques. Plus que par la supériorité technique peut-être, cette issue s'explique par la supériorité des hommes.

Supériorité de quelques individus qui entraînent derrière eux des armées avides... La conquête des Indes est par excellence l'œuvre de la *Virtù*. Elle s'est accomplie en dehors et le plus souvent contre la volonté des administrations coloniales naissantes, dans le cas de Cortès, contre la volonté du roi elle-même. Seule l'initiative privée en un siècle où des distances de plusieurs mois, d'une année ou plus parfois, séparent l'Europe de l'Amérique a pu mener à bien l'œuvre de la conquête.

Plus que la passion de l'aventure, plus que le zèle missionnaire, l'appât du gain a été le moteur de la conquête. Comme Christophe Colomb lui-même, les *conquistadores* sont partis à la recherche des montagnes d'or qui reculaient aux limites de l'horizon, et qui les ont finalement menés au bout du monde. En agitant ce mirage qu'eux-mêmes poursuivaient, ils ont pu entraîner dans les rangs de leurs expéditions les quelques milliers d'hommes vigoureux mais frustes avec qui ils ont parcouru et conquis les Indes. Les Indiens, soit désir de plaire à un maître redouté, soit désir de voir partir plus loin un hôte encombrant, ont contribué à lancer l'Espagnol plus loin vers l'intérieur à la recherche de son rêve : or aztèque, or incas, mirages du Nord, mirages du Sud, *Siete Cibdades* là, *El Dorado* ici, chasse à l'esclave aussi.

Pour mener leur chasse au trésor, les Espagnols ont conquis en trente ans leur domaine. Dans l'Amérique ibérique, la conquête a précédé la colonisation ; dans l'Amérique anglo-saxonne[1], « la colonisation a précédé la conquête ». Les Anglais prennent possession, un siècle après les Espagnols, de leur fraction d'Amérique ; deux siècles plus tard, à la fin du XVIIIe siècle, les Treize colonies ne dépassent pas les premières pentes des Appalaches ; en deux siècles, les Anglo-Saxons ont pénétré leur pays de 200 km en trente ans, les Castillans ont pénétré un continent

1. Arciniegas, *Contradictions et unité de l'Amérique*.

de part en part. La colonisation anglo-saxonne est une colonisation de peuplement, les Pères Pèlerins de la *May Flower* et leurs émules sont venus sur la terre américaine pour y trouver une Patrie où vivre comme chez eux, à l'abri de la persécution religieuse ou pour fuir leurs créanciers. Le peuplement est continu, la marche vers l'ouest, commandée par les besoins de la colonisation agricole, est une tache d'huile qui s'étend lentement. La conquête folle de l'Ouest, le siècle des *conquistadores* ne commence pour l'Amérique anglo-saxonne en gros qu'au XIXe siècle avec la révolution technique des transports. Pour l'Anglo-Saxon agriculteur, avide de terres plus que d'or, le « meilleur Indien est l'Indien mort ». Pour le Castillan avide d'or plus que de terre, l'Indien est le collaborateur dont on a besoin dans l'exploration et dans l'exploitation des richesses, un collaborateur que l'on brutalise parfois…

La conquête ibérique est une affaire d'hommes, l'union avec l'Indienne est une nécessité physiologique : une Amérique métisse s'oppose à une Amérique blanche, deux rythmes de vie, deux rythmes de production. La mise en valeur de l'Amérique anglo-saxonne a progressé parallèlement à l'occupation de son sol, l'occupation sommaire du sol de l'Amérique latine a précédé sa mise en valeur ; elle a posé à sa mise en valeur des problèmes insolubles. Les traits imprimés à l'Amérique latine par trente ans de conquête sont accentués encore par deux siècles et demi d'histoire coloniale.

Chapitre II

L'organisation de la conquête

L'histoire coloniale des Indes de Castille et celle du Brésil offrent des similitudes frappantes. Rien ne ressemble plus au système colonial espagnol que le système portugais. C'est qu'il existe en fait un système colonial propre à l'Ancien Régime politique et économique et qui dépasse le cadre ibérique ; on l'a souvent appelé Pacte colonial : les colonies, exploitées par la métropole et à son profit, constituent pour elle un réservoir de matières premières à bon marché et un domaine où écouler les produits de son industrie au meilleur compte. Il correspond en gros au triomphe sur le continent du système mercantiliste qui considère une balance commerciale favorable comme l'expression la plus sûre de la prospérité nationale. S'il s'est détendu rapidement pour l'Espagne et le Portugal, non en théorie mais en pratique, par l'extraordinaire croissance de la contrebande, c'est que l'Espagne et plus encore le Portugal se sont révélés très tôt, dès le XVIIe siècle, incapables de fournir à leurs colonies les produits manufacturés dont ces dernières avaient besoin.

Le système colonial établi par l'Espagne n'en resta pas moins un des plus remarquables que les temps modernes aient conçu, parce que les pays ibériques avaient été préparés par leur histoire à la tâche qui les attendait. Pays nouveaux et marches frontières à administrer, à repeupler après la conquête, populations allogènes à convertir, à fondre dans le *melting pot* national ou à éliminer. La péninsule a pendant huit siècles offert l'image des Indes en miniature. L'Espagne avait élaboré au cours des huit siècles de sa *reconquista,* pour résoudre des problèmes d'administration coloniale, des institutions, qu'il lui a suffi ensuite de transplanter en partie aux Indes, pour résoudre des problèmes analogues. L'histoire des institutions des Indes résume, en quelques siècles, l'histoire millénaire des institutions de la péninsule.

I – ORGANISATION ADMINISTRATIVE DES INDES DE CASTILLE

Les bases en furent posées sous les Rois Catholiques et sous Charles Quint. En vertu de la bulle d'Alexandre VI (1493)[1], les Indes furent toujours considérées comme la propriété personnelle de la Couronne de Castille. Les Indes étaient castillanes, avant d'être espagnoles ; elles étaient la chose du roi, qui créa pour les administrer toute une série d'organismes propres, dont le développement fut parallèle à celui des institutions métropolitaines. Le roi conférait à ceux qui lui agréaient le soin de conquérir des fractions de son domaine ; il distribuait à ses fidèles des terres et le troupeau indien, sa chose (telle fut l'origine de *l'encomienda*). Le pouvoir que la bulle d'Alexandre VI lui avait conféré sur les Indes, le roi l'exerçait par l'intermédiaire d'organismes analogues aux institutions métropolitaines.

Le premier en date fut la *Casa de la Contratación.* Créée en 1503, formée d'un trésorier, d'un contrôleur et d'un secrétaire (premier noyau autour duquel d'autres fonctionnaires vinrent se greffer), elle supervisait les relations maritimes et commerciales entre les Indes et la Métropole, assurait l'organisation et la protection des convois vers l'Amérique,

1. Cf. *supra*, p. 13.

et veillait à la rentrée des revenus royaux comme à la transmission du courrier administratif entre l'Espagne et les Indes. Elle joua le rôle d'école de navigation et d'organisme de recherches océanographiques, puis de Cour de justice souveraine dans le domaine du commerce des Indes. La création du poste de président du tribunal de la *Casa de la Contratación,* chargé d'assurer la coordination avec le Conseil des Indes, fut une étape décisive dans l'élaboration de cet organisme de plus en plus complexe. Issu de l'autorité royale, il n'en opposa pas moins à l'autorité royale cette force d'inertie remarquable dont l'administration espagnole, la plus ancienne et la plus efficace, au départ, de toutes les administrations d'Ancien Régime, avait déjà le secret.

Le Conseil des Indes *(Consejo de Indias)* fut à l'origine un simple bourgeonnement de la *Casa,* une commission chargée de surveiller l'administration des Indes. Créé par Ferdinand en 1511, il ne reçut sa forme légale définitive qu'en août 1524, pour recueillir la succession de Juan Rodriguez de Fonseca. Ennemi intime de Christophe Colomb, Fonseca, légiste tout aux intérêts de son Maître, exerçait depuis 1493 le rôle de ministre des Colonies sans le titre. À la mort de Fonseca, en mars 1524, la place était libre ; le *Consejo de Indias* lui succéda. Avec ses huit conseillers, le *Consejo* accompagnait le roi dans ses différents déplacements. Il fut l'équivalent, pour les Indes, du Conseil de Castille. Sous la présidence royale, directement ou non, il préparait les lois et ordonnances concernant le Nouveau Monde, donnait la forme légale aux ordres émanant de la Couronne, rédigeait la correspondance admnistrative, transmise par les organes de la *Casa,* proposait aux postes de fonctionnaires coloniaux, fonctionnait comme Haute Cour de justice.

Tels furent en gros les organes qui mettaient en forme et qui transmettaient la volonté royale aux organes administratifs locaux. L'histoire de l'administration des Indes reproduit, avec un décalage qu'expliquent la postériorité et la distance, l'histoire administrative de l'Espagne. Sous le règne des Rois Catholiques et les premières années de Charles Quint, la centralisation monarchique remporta en Espagne une victoire décisive sur les forces centrifuges de la noblesse et des villes ; épisode ibérique d'un mouvement qui affecta, qui plus tôt, qui plus tard, les principaux pays de l'Europe occidentale. Aux Indes, l'administration des *conquistadores* et des *ayuntamientos* des villes nouvellement créées devait également céder la place à l'administration vice-régale.

La conquête des Indes a été réalisée par des aventuriers, les *conquistadores,* qui ont reçu le titre *d'adelantado* (conjointement le plus souvent avec celui de gouverneur et de capitaine général). Dans l'histoire ibérique médiévale, l'*adelantado* était le gouverneur d'une province frontière, investi directement par l'autorité royale ; ses pouvoirs étaient théoriquement sans limites. Comme l'*adelantado* ibérique, l'*adelantado* colonial, investi lui aussi directement par l'autorité royale, hors de portée de tout contrôle royal sur la fraction du domaine des Indes qu'il avait mission de conquérir, jouissait de pouvoirs limités seulement par la difficulté des communications dans son propre domaine, par les villes et leurs administrations, les *ayuntamientos.*

L'Espagnol débarquant sur le sol d'Amérique avait fondé aussitôt des villes avec une administration dont l'indépendance fut accrue encore par la distance. Moses[1] a pu écrire sans trop d'exagération : « Dans les colonies anglaises d'Amérique, la ville a grandi pour faire face aux besoins des habitants des campagnes, tandis que dans les colonies espagnoles, la population des campagnes a grandi pour faire face aux besoins des villes. » Un Conseil de quatre à douze *regidores,* présidé par un *alcalde mayor* flanqué d'*alcaldes*

1. Moses, *Spanish Dependencies*, t. II, p. 370, cit. par Merriman, *Rise of Spanish Empire,* t. III, p. 638.

ordinarios pour la justice, administrait la ville. Il formait l'*ayuntamiento,* le *cabildo,* comme on l'appela bientôt. L'*ayuntamiento* de Villa Rica de Veracruz réinvestit Cortès disgracié par Velázquez, à la veille de se lancer sur la route de Mexico. Les *cabildos,* à plusieurs reprises, envoyèrent des représentants auprès du Conseil des Indes pour faire connaître leurs désirs et assaillirent bien souvent le Gouvernement de leurs pétitions en matière commerciale.

La première moitié du XVIe siècle a été, pour les Indes, la plus belle époque de l'autonomie municipale, jusqu'au moment où le pouvoir royal devait la réduire, par un processus analogue à celui qu'avait connu la Métropole, aux XIVe et XVe siècles. De ce premier essai de *self-government,* les Indes devaient pourtant garder un souvenir tenace qui se réveilla plus tard, lors de la crise de l'Indépendance.

Le pouvoir royal avait réduit non seulement l'autonomie municipale, mais l'autorité quasi féodale des *conquistadores.* Ainsi, une nouvelle administration se substituant à l'ancienne fut construite peu à peu au XVIe siècle, au gré des nécessités complexes, savant équilibre de pouvoirs s'espionnant et se limitant adroitement, calculé pour laisser au roi lointain sa liberté de décision, pour réduire au minimum la grande infirmité qui subsistait : l'épaisseur de cette tranche d'eau énorme, l'Atlantique de la marine à voile – et plus monstrueuse encore, l'épaisseur des terres – interposée entre la tête du Conseil des Indes et les agents d'exécution.

Le pouvoir royal s'exerçait par l'intermédiaire de l'*Audiencia* et du *vice-roi.*

Primitivement, l'*audiencia* était un tribunal ; le décret du 15 octobre 1511 créa la première *audiencia* du Nouveau Monde : en 1527, une *audiencia* s'installa à Mexico ; en 1535, à Panama ; en 1542, à Lima..., en 1550, six *audiencias* fonctionnaient. D'autres furent créées plus tard, parallèlement à la pénétration en profondeur de la colonisation espagnole... Charcas, Quito..., Buenos Aires (1661), Cuzco (1717). Une *audiencia* était formée d'un président – le vice-roi, quand le siège de l'*audiencia* coïncidait avec celui de la vice-royauté ; ailleurs, le capitaine général ; le plus souvent, un nombre variable d'*oidores* richement rémunérés. L'*audiencia,* en Amérique, fut d'abord ce qu'elle était en Espagne, un tribunal, qui jugeait en appel les affaires jugées en première instance dans les cours mineures des *corregimientos* et des *alcaldes mayores* ; ce tribunal suprême n'avait au-dessus de lui que le Conseil des Indes.

Mais l'*audiencia* cumulait pouvoirs administratifs et pouvoirs judiciaires. C'était l'administration par Cours de justice. Les *audiencias* exerçaient une surveillance étroite sur tous les fonctionnaires. Elles constituaient les conseils des vice-rois ; l'*audiencia* de Mexico fut à la Nouvelle-Espagne, toutes choses égales, ce que le Conseil de Castille fut à la Castille. En cas de vacance de l'autorité vice-royale, l'*audiencia* assurait l'intérim.

Le vice-roi. – L'autorité du vice-roi vint prendre la relève de celle des *conquistadores* trop encombrants. L'exemple de ces derniers avait rendu l'autorité royale méfiante ; la lenteur des communications, l'ignorance à peu près complète, à l'Escorial, des affaires américaines, pouvaient être pour le vice-roi une terrible tentation. Au risque d'émousser la machine administrative des Indes, le « roi prudent » et ses successeurs surent se garantir contre le trop d'indépendance de leurs agents d'exécution.

Choisi au sein des familles les plus illustres d'Espagne, entouré de toute la pompe royale, le vice-roi représentait la Couronne, il en exerçait le droit de patronage, il contrôlait les mines, surveillait la christianisation des indigènes, présidait l'*audiencia*... mais il était, en fait, comme l'écrit Merriman « beaucoup moins omnipotent que les termes de la loi ne semblaient l'impliquer ». Les rapports du vice-roi avec l'*audiencia* permettent de saisir la limitation des pouvoirs vice-régaux. Quand l'*audiencia* siégeait comme Cour, le vice-roi la présidait sans pouvoir prendre part au vote ; son rôle se bornait à contresigner les décisions de la Cour (il n'avait pas la suprématie judiciaire comme le roi d'Espagne). Tout le monde pouvait attaquer son administration devant l'*audiencia.* Comme tout fonctionnaire des Indes, le vice-roi, soumis aux obligations de la *Residiencia* et de la *Visita,* était obligé au sortir de sa charge de rester sur les lieux où il avait exercé son autorité, pour permettre à toute personne lésée par son administration de faire valoir ses droits. Toutes les précautions étaient prises, mais la prudence, dépassant parfois son but, avait pour conséquence l'extraordinaire lenteur de la machine administrative des Indes.

Auprès des *audiencias* excentriques, les capitaines généraux jouaient le rôle de vice-roi, soumis à ce dernier comme à la Couronne. Les *audiencias* qui couvraient en moyenne plusieurs fois la superficie de la métropole se divisaient elles-mêmes en *Corregemientos,* à la tête desquelles les *corregidores* flanqués de leurs *alcaldes* exerçaient la réalité de l'administration quotidienne. La masse indienne répartie en *partidos* était administrée par l'intermédiaire ou des chefs indigènes, les *caciques,* ou de l'*encomiendero* régnant en seigneur, de par le roi, sur son troupeau d'Indiens.

Microcosme de l'histoire d'Espagne, les Indes ont reproduit les transformations administratives de la Métropole. En 1701, la dynastie des Habsbourgs qui, sous le règne de Philippe IV (1621-1668) et de son fils Charles II (1668-1700), avait atteint le tréfonds de sa décadence, céda la place aux Bourbons. La Monarchie espagnole, amputée du poids mort de ses possessions européennes par le traité d'Utrecht (1713), connut sous le règne de Philippe V (1700-1746) et de Charles III (1759-1788) surtout un sursaut d'énergie : participation au second plan à l'euphorie économique du XVIIIe siècle européen. Philippe V commença en 1718 une réforme administrative qui tendait à acclimater en Espagne, sur le modèle français, l'administration des intendants et à alléger aux Indes, la machine grinçante de l'administration vice-royale. De 1765 à 1771, le territoire de la Nouvelle-Espagne fut divisé en 11 intendances ; à la tête de chacune d'elles, un intendant nommé par le roi ; des subdélégués à la mode française remplaçaient *corregidores* et *alcaldes mayores*, dans le gouvernement local et dans la surveillance des Indiens. En 1790, la Réforme avait gagné de place en place l'ensemble des Indes de Castille. L'Administration espagnole avait fait dans ses dernières années un effort appréciable pour se renouveler et pour obtenir plus d'efficacité.

Avec son système administratif, l'Espagne avait transporté aussi aux Indes son système d'impôts tracassier et lourd, plus encore par les vexations qu'entraînait leur perception que par la charge qu'ils représentaient. De la coupe aux lèvres, combien se perdait ? Les Indes ont financé en fait, une bonne partie, moins qu'on ne la dit, peut-être, de la Monarchie espagnole. Elles payaient les droits pesant sur son commerce[1], les *almojarifázgos,* l'*avería,* variable selon les périodes, perçue sur les marchandises à l'aller comme au retour, entre le Guadalquivir, et l'Amérique, pour assurer la protection des galions et des flottes. Elles payaient au roi les *donativos,* dons qui n'avaient plus rien de gratuit ; le tribut qui pesait sur tout Indien mâle en état de travailler, les différents *alcabalas.* Mais le gros tribut que payaient les Indes, c'était celui que payaient les mines. Le roi, ne les exploitant pas lui-même, en abandonnait la mise en valeur au capital privé et percevait sur la production le droit très lourd du *quinto* (1/5e).

Pour dispendieuse que fût cette administration, si grassement payée, si riche en sinécures, où redorer le blason

1. Précieux pour l'historien, puisqu'ils permettent la construction d'indices d'activité portuaire.

du Grand d'Espagne et de l'hidalgo famélique, le solde était créditeur pour l'Espagne. Ce fut vrai, surtout, à la fin du XVIe et à la fin du XVIIIe siècle. À la lueur des études statistiques, moins que l'imagination romantique ne l'accrédite toutefois.

On ne peut séparer l'étude de l'administration de celle du clergé qui fut un de ses meilleurs agents. La Couronne jouissait en effet, en vertu de la bulle d'Alexandre VI, d'un droit de patronage qui mit toute l'administration de l'Église des Indes entre les mains du roi. Il nommait aux charges ecclésiastiques, par l'intermédiaire du *Conjeso de Indias,* et fixait les limites des diocèses ; de sa propre autorité, il levait, au nom du clergé, les dîmes qui lui étaient dues, en vertu d'une bulle de 1501. Agent de l'autorité royale, l'Église l'était à un double point de vue : elle aidait le roi à tenir en main la population espagnole, par l'intermédiaire de l'Inquisition, instaurée aux Indes par une cédule royale du 26 janvier 1509. Le premier tribunal de l'Inquisition entra en fonction à Lima en 1570 et à Mexico en 1571. L'Inquisition veillait à écarter toutes traces d'hérésie ; le Gouvernement tint toujours systématiquement à l'écart du Nouveau Monde les colons dont on pouvait suspecter la foi : Morisques, Juifs ou Marranes. Plus efficace peut-être par la terreur quelle répandait que par son action effective, l'Inquisition n'inquiétait pas les Indiens considérés comme de grands enfants incapables d'hérésie.

Mais l'œuvre capitale de l'Église fut avant tout la conversion des Indiens à un christianisme sommaire, premier pas décisif pourtant vers l'européanisation. Le clergé séculier, ignorant des langues indigènes et avide de jouir de ses grasses prébendes ne s'est guère livré à la grande œuvre missionnaire. Mais les ordres religieux : franciscains, dominicains, augustins jouèrent dans le travail de conversion des indigènes un rôle capital avant que les jésuites ne vinssent prendre le premier rang, aux XVIIe et

XVIIIe siècles[1]. Ils ont accompli un travail linguistique et ethnologique de compréhension en profondeur pour étayer leur œuvre. Bernardino Ribeira de Sahagun, le père de l'ethnologie indienne, dans la Nouvelle-Espagne du XVIe siècle, en a été le grand pionnier. Œuvre de protection des Indiens aussi, où reste à jamais attaché le nom de Bartolomé de Las Casas, qui réussit à émouvoir Charles Quint au récit des malheurs dont il avait été le témoin. Il fut à l'origine du Code des *Nouvelles Lois* (1545) dont il ne réussit jamais à obtenir l'application effective. Les jésuites, aux XVIIe et XVIIIe siècles, ont exercé sur les Indiens de leurs missions, une protection vigilante, mais souvent tyrannique ; contrainte à vivre dans des villages *(reducciones),* à y travailler la terre, châties comme des enfants auxquels on donne les verges, ceux-ci étaient plus les sujets de petites théocraties qu'ils ne l'étaient du roi d'Espagne. À la tête de milices indiennes, les jésuites casqués des célèbres missions du Paraguay repoussaient les assauts des chasseurs d'esclaves, les *bandeirantes* paulistes. L'esprit d'indépendance de la Compagnie lui valut des inimitiés solides, qui se cristallisèrent dans le décret d'expulsion du 27 mars 1767. Personne ne peut évaluer le coup porté par cette mesure aux Indes de Castille. Le meilleur truchement entre l'Europe et le monde indien avait été détruit par la volonté de Charles III.

II – EFFICACITÉ DE L'ADMINISTRATION ESPAGNOLE

Quelle a été finalement l'efficacité de cet ensemble administratif complexe ?

On ne peut nier qu'elle n'ait pleinement réussi dans la défense de l'Empire. Pendant trois siècles, elle a su maintenir intact ou presque, contre toutes les convoitises des

1. Robert Ricard, *La Conquête spirituelle de la Nouvelle-Espagne,* Paris, 1933.

puissances maritimes, qui depuis la fin du XVIe siècle surpassaient nettement l'Espagne sur mer, l'immense domaine de 16 millions de km^2 dont elle assurait la défense. Il ne saurait être question, évidemment, de faire l'historique de toutes les attaques subies par les Indes de Castille, depuis les tentatives de colonisation du huguenot Jean Ribaut, en Floride (1558), pris et exécuté sur les ordres du vice-roi de Nouvelle-Espagne, depuis les premiers raids meurtriers des pirates de toute nationalité dans la mer des Caraïbes qui commencèrent vers 1540, depuis les raids de Francis Drake (1540-1596), John Hawkins (1520-1595), de Sir Walter Raleigh (1552-1618), jusqu'aux tentatives françaises, hollandaises et anglaises du XVIIe et du XVIIIe siècle.

Que reste-t-il de positif ? Certes, les trésors des Indes furent interceptés plus d'une fois, mais si l'on fait abstraction des Guyanes et du domaine des Antilles, où Français, Anglais et Hollandais réussirent à mordre à Saint-Domingue, à la Jamaïque (1658)..., quelques égratignures somme toute, les Indes restèrent espagnoles, jusqu'à l'aurore du XIXe siècle.

Si l'immensité des Indes les a protégées, l'immensité a été pour l'administration des Indes, le grand obstacle qu'elle n'a jamais complètement réussi à vaincre. Que l'on songe qu'il fallait plus d'un an aux flottes de Séville pour faire l'aller et retour entre l'Andalousie et la Nouvelle-Espagne, qu'au temps de Humboldt, à l'aube du XIXe siècle, à la fin de l'époque coloniale, il fallait encore de « trois à cinq mois pour remonter de Panama jusqu'à Lima », trente jours aux chariots tirés par des bœufs, pour aller de Rosario à Tucuman... Protégé par la lenteur des communications, le fonctionnaire colonial, à n'importe quel échelon de la hiérarchie, n'en faisait finalement qu'à sa tête, réfugié dans la désobéissance polie, symbolisée dans la formule *« obedezco pero no cumplo »*, et il en profitait pour se rembourser avec usure des débours qu'avait entraînés pour lui l'achat de sa charge. Vénalité des offices, plaie d'une époque et d'une Europe, aux causes encore obscures, qui n'épargne pas l'Espagne, et que l'Espagne propage aux Indes.

III. – LE BRÉSIL

L'Administration portugaise du Brésil rappelle dans ses grandes lignes l'administration des Indes de Castille. Le point de départ en est, toutefois, quelque peu différent.

Ce ne fut qu'en 1534 que les Portugais commencèrent à prêter attention à cette possession pour eux quelque peu encombrante, puisqu'elle les détournait des Indes orientales, leur centre d'intérêt. C'est pourquoi, sans doute, le roi de Portugal avait promu l'Administration du pays à moindres frais, en la confiant à quelques grands seigneurs, les *donatários,* nantis de fiefs gigantesques, sur lesquels leurs pouvoirs étaient discrétionnaires. Ce point de départ a pesé lourdement sur l'histoire du pays ; il a retardé son exploitation économique et la formation d'une administration efficace. Consciente, sans doute, de son erreur initiale, dès 1549, la Maison de Bragance s'est efforcée de donner au Brésil une administration analogue à celle des Indes. En 1549, les pouvoirs politiques des *donatários* étaient révoqués, mais leurs énormes domaines, base économique de leur puissance, ont subsisté. La nouvelle administration des capitaineries fut créée : 13 au XVIe siècle. À la tête de chacune, un capitaine ; un capitaine général, sorte de vice-roi du Brésil, représentait à Bahia, puis à Rio de Janeiro, un embryon d'autorité centrale. Des progrès décisifs furent réalisés par l'Administration brésilienne pendant les soixante ans de l'union dynastique du Portugal et de l'Espagne, sous l'autorité de la Maison des Habsbourgs (1580-1640). Les deux administrations restèrent parallèles, mais sous l'influence de l'Espagne, l'Administration portugaise se modela sur celle de Madrid ; c'est en 1604 que fut créé le *Conselho da India,* pendant portugais du *Consejo de Indias.* C'est l'administration du capitaine général et de ses *ouvidores,* ses représentants dans chaque capitainerie, qui finit par supplanter, au XVIIe siècle, l'administration anarchique et féodale des capitaines. La large autonomie des villes gouvernées par les *senados da Camâra* rappelle l'Administration des Indes par les *cabildos.*

Pendant les trois siècles de son histoire coloniale, le Brésil a fait preuve d'un extraordinaire dynamisme que traduisent sa courbe démographique, sa résistance aux assauts étrangers : l'échec de la France antarctique que le huguenot Villegainion tentait de fonder en 1556, sur l'emplacement de Rio de Janeiro, pendant les années de l'unité ibérique surtout, la lutte victorieuse contre les attaques hollandaises. Mais la poussée du Brésil au détriment des Indes de Castille est le plus clair témoignage de cette vitalité. Au XVIe siècle, le Brésil ne couvrait encore qu'une mince bande de territoire qui ne dépassait pas sensiblement au nord et au sud la ligne de démarcation de 1494, cette ligne qui courait des bouches de l'Amazone jusqu'à un point voisin de São Paulo. Au XVIIe siècle le Brésil a déjà largement mordu au-delà du rio San Francisco ; il approche des sources du Paraguay ; à la fin de l'ère coloniale, il s'est dilaté presque jusqu'aux Andes, sur les 8 500 000 km^2 qu'il occupe maintenant encore. La soif de terres nouvelles pour une économie destructive, la recherche des mines, au-delà des *Minas Geraes,* et surtout la chasse effrénée à l'esclave que menaient les *bandeirantes* paulistes[1], tels furent les mobiles d'une poussée que les traités ont toujours entérinée après coup.

1. Les *bandeirantes* paulistes sont des métis du Sud-Brésilien, de l'État de São Paulo qui s'organisent en bandes pour la chasse à l'esclave dans les immenses espaces aux confins mobiles des deux Empires. Ils se sont heurtés dans le Paraguay à la résistance armée des jésuites.

Chapitre III

Économies et Sociétés

I – LA POPULATION

L'Amérique latine, par rapport à l'Amérique anglo-saxonne, est une Amérique indienne, une Amérique des sangs mêlés. Les évaluations de la population indienne au moment de la conquête, fatalement vagues et hypothétiques, varient entre 20 000 000 et 40 000 000[1]. Si ces évaluations sont exactes, la rencontre des deux mondes a provoqué un prodigieux effondrement de la population indienne, puisque, malgré l'apport de sang européen, et de sang noir amené par la traite, la population de l'Amérique espagnole peut être évaluée en 1800, à 15 millions, celle du Brésil, à la même époque, à 3 300 000. Pour la période coloniale antérieure à l'extrême fin du XVIIIe siècle, toute tentative d'évaluation est fatalement délicate.

Pour le Brésil toutefois nous avons la preuve indiscutable d'une augmentation prodigieuse de la population. Mis à part les *Indios bravos*, les Indiens sauvages de l'arrière-pays, 300 000, 400 000, 500 000 peut-être…, simple gibier pour les chasseurs d'esclaves, l'augmentation de la population civilisée est un fait trop énorme pour être douteux,

1. L'évaluation forte de 40 millions est celle du Dr Rivet. À la lueur des travaux réalisés depuis dix ans par l'admirable équipe d'historiens, ethnologues et démographes de Berkeley, l'évaluation forte du Dr Rivet paraît assez proche de la vérité.

50 000 (?) en 1580, 70 000 (?) en 1600, 175 000 (?) en 1640, 750 000 (?) en 1700, environ 3 000 000 en 1800. La population des Indes de Castille était peut-être de 10 000 000 dans la seconde moitié du XVIIe siècle. Si nous nous en tenons à ces chiffres, la conquête espagnole aurait provoqué la disparition des deux tiers ou même des trois quarts de la population indienne. Le travail forcé dans les plantations des *encomienderos,* et dans les mines, les maladies épidémiques de l'Europe en furent responsables. Il y a donc beaucoup de vrai dans le tableau que brosse Bartolomé de Las Casas, dans son *Histoire des Indes.*

Peut-être ?

Si nous nous en tenons aux évaluations de Humboldt, les seules valables, la population de l'Amérique latine à la fin de la période coloniale comprenait : pour les Indes de Castille, 15 000 000 d'âmes environ, dont 7 000 000 pour la Nouvelle-Espagne et ses dépendances, Guatemala, Cuba, Puerto Rico, 3 000 000 pour la vice-royauté de Terre-Ferme, un peu plus de 2 000 000 pour la vice-royauté du Pérou, 2 350 000 pour la vice-royauté de La Plata, une population que séparaient de profonds clivages, commandés par des distinctions raciales.

Tout en haut de l'échelle sociale, les Espagnols nés dans la Métropole, au nombre de 30 000 environ en 1800, contrôlaient l'Administration du pays.

Les créoles *(criollos),* purs de tout mélange, eux aussi, trois millions environ, possédaient les grandes haciendas, et fournissaient au pays son élite intellectuelle ; la grande réalité économique et sociale des Indes.

En dessous des créoles, la masse des sangs mêlés *(mestizos)* : métis de Blancs et d'Indiens ; *mulatos,* métis de Blancs et de Nègres ; *zambos,* métis de Noirs et d'Indiens ; monde d'artisans, de *mayordomos,* de vagabonds, monde intermédiaire, trouble, mal fixé, agité, revendicatif qui aspirait, sans parvenir à effacer la tache de sa naissance, à se hisser aux côtés des créoles dans la hiérarchie sociale.

Tout en bas de l'échelle, les dix millions d'Indiens, bétail où l'on puisait pour les travaux des champs et pour les mines. Le travail forcé était théoriquement aboli au XVIIIe siècle, mais l'esclavage pour dette le remplaça plus ou moins. Son nom seul fut banni. Aux marges du sol effectivement colonisé, au-delà de la « frontière », les *Indios bravos* continuaient à mener un genre de vie à peu près identique à celui antérieur à la conquête ; certains inoffensifs, d'autres cantonnés dans une réserve agressive : Araucans du Chili du Sud, Indiens de la Pampa, toujours prêts à couper les communications entre Buenos Aires et le Pérou.

Plus bas encore si possible dans l'échelle sociale, l'esclave noir, produit de la traite ; au nombre de 800 000 dans les Indes de Castille, localisée surtout dans les grandes plantations sucrières des Antilles, on les trouvait aussi dans les mines, en très petit nombre il est vrai, et un peu partout dans les ports, comme esclaves domestiques. Pour suppléer à la défaillance de la main-d'œuvre indienne, les Espagnols eurent recours, dès le XVIe siècle, à la main-d'œuvre africaine. Quelques âmes sensibles à la misère des Indiens, un Bartolomé de Las Casas proposèrent ce remède que d'autres ont exploité : la traite. Les Espagnols ont toujours montré une grande répugnance pour ce genre de trafic, aussi la Couronne passait-elle un contrat *(asiento)* avec une compagnie étrangère qui s'engageait contre le monopole de l'approvisionnement en nègres des Indes de Castille, à payer une forte somme à la Couronne. Le premier *asiento* fut accordé en 1517 à une compagnie génoise ; Portugais, Hollandais, Anglais... ont bénéficié tour à tour du précieux trafic[1].

1. La traite des Noirs a été une des grandes sources de revenus des Temps modernes. La Nouvelle-Angleterre lui doit ses premiers capitaux. Les *clippers* des Puritains négriers partaient chargés de rhum, de quelques caisses de pacotille, de tissus grossiers, en direction des côtes d'Afrique où l'on chargeait le « bois d'ébène ». On embarquait le plus possible de Noirs, sans crainte de détériorer la marchandise, qui n'avait presque pas de valeur au départ. On vendait le bois d'ébène qui « avait fait son jeu » pendant la traversée, comme avaient coutume de dire les braves armateurs de Nantes

Dans la masse des hommes de couleur, indienne surtout, moins robuste que la population de race noire, sans hygiène, sous-alimentée, vivant dans des huttes infectes, les maladies épidémiques faisaient des coupes sombres. La variole qui ravageait tous les dix-sept ou dix-huit ans la Nouvelle-Espagne causait, en 1779, dans la seule ville de Mexico, plus de 9 000 morts ; d'autres maladies étaient propres à la race indienne, attaquée à l'exclusion des autres ; une espèce de typhus, le *matlazahualt,* exerçait sur les plateaux de la Nouvelle-Espagne des ravages au moins comparables à ceux de la variole, tandis que sur les côtes, la fièvre jaune (le *vomito prieto,* le vomissement noir) n'épargnait personne. Dans les régions où elle sévissait à Panama (« aller à Panama, c'est chercher la mort » dit le proverbe colombien) le *vomito prieto* faisait de tels ravages qu'on réduisait au minimum le séjour des galions à Nombre-de-Dios. Épidémies, famines périodiques aussi, on comprend aisément que la population n'augmentât que lentement, malgré une natalité physiologique.

À l'aube du XIXe siècle, en 1818, le Brésil comptait officiellement 1 887 500 nègres, sur un total de 3 617 000 habitants, plus de 50 % de la population. Le reste se répartissait ainsi : Blancs, 843 000 ; sangs mêlés, 628 000 ; Indiens, 259 000, à l'exclusion des Indiens non soumis de l'intérieur.

La société brésilienne coloniale, moins sensible encore, s'il est possible, au préjugé de couleur, présentait une stratification analogue à celle des Indes. En haut de l'échelle, le Portugais qui se réservait la direction de l'Administration, le grand propriétaire, le *senhor de engheiño,* en bas l'esclave noir, le troupeau qui fournissait une main-d'œuvre

(40 à 50 % de déchets inévitables) aux Antilles, ou plus souvent encore sur les côtes brésiliennes, où l'on chargeait la mélasse, matière première du rhum. Ainsi se bouclait le commerce triangulaire, pour le plus grand profit de la tête du triangle, que ce fût Lisbonne, Amsterdam, Londres, Nantes ou Boston, suivant les siècles.

résistante, sobre, bonne à tous les usages, plus souple que l'Indien, que le Portugais n'hésitait pas, à la différence de l'Espagnol, à réduire en esclavage, bétail que secouaient de temps à autre de terribles convulsions, telle cette grande révolte des esclaves des Minas Geraes qui ensanglanta toute la fin du XVIIIe siècle.

II – VIE ÉCONOMIQUE ET SOCIALE

L'Amérique latine coloniale souffrait dans le fond d'une économie malsaine : ses ressources étaient exploitées au profit des métropoles, Espagne et Portugal. La contrebande n'était qu'un remède imparfait aux servitudes du Pacte colonial ; à l'intérieur même du pays, *encomienderos* et *fazendeiros,* grands propriétaires de terres, d'esclaves et de mines tenaient entre leurs mains, pour les dilapider, le plus clair des richesses produites par le pays. Cette économie de gaspillage produisait pour l'étranger et pour une aristocratie limitée. À certains égards, l'hypothèque coloniale sur l'économie sud-américaine n'est pas encore levée.

1. **La terre : une économie aristocratique.** – L'Amérique latine coloniale, Indes de Castille et Brésil sont le produit de la conquête. La conquête, là comme ailleurs, a eu pour conséquence l'installation d'une aristocratie foncière. La propriété féodale, qui régnait encore en Europe au XVe siècle, fut transplantée aux Indes ; d'immenses domaines furent constitués en faveur des *conquistadores* et de leurs compagnons. Un type social naquit de cette aventure : l'*encomiendero* espagnol, le *fazendeiro* brésilien. Avec la terre, le conquérant reçut l'Indien, dès la conquête d'Española ; l'*encomienda* fut créée, pour fournir gratuitement aux plantations le lot d'Indiens nécessaire,

main-d'œuvre que l'on exploitait à discrétion, pour les spéculations coloniales. Le *fazendeiro* brésilien, le *senhor de engheño* du Brésil colonial, qui menait au milieu de son troupeau d'esclaves noirs une vie patriarcale et dissolue, est le pendant portugais de l'*encomiendero* espagnol. Le régime de la grande propriété foncière, spécifique de l'Amérique latine coloniale, s'est instauré d'autant plus aisément qu'il ne s'est jamais heurté à une paysannerie indienne, qui pût lui résister ; pour l'Indien des Andes ou de l'Empire aztèque, le régime colonial n'a été qu'un simple changement de maître.

Dans l'Amérique latine coloniale, l'aristocratie foncière draine à son profit les ressources de la terre ; elle se fait représenter sur ses terres par une armée de *mayordomos* métis, âpres à exploiter l'Indien. Les revenus tirés de ses propriétés, elle les gaspille en dépenses somptuaires dans des villes qui frappent par leur luxe, Bahia, Rio de Janeiro, Lima ou Mexico (137 000 habitants en 1803) qui, depuis Gemelli, au XVIIe siècle, jusqu'à Humboldt a toujours impressionné les voyageurs. C'est là que se dilapident le produit de la terre et le produit des mines sans profit véritable pour l'économie de la Nouvelle-Espagne. Une économie de gaspillage, au profit d'une aristocratie foncière, une économie extravertie aussi, soumise aux vicissitudes du Pacte colonial des temps modernes.

2. **Le monopole ibérique et ses servitudes économiques.** – Tout comme le Brésil est un fief du Portugal, les Indes de Castille sont un fief de la Castille, mieux encore, de l'Andalousie, qui a fourni les premiers capitaux. Établie à Séville en 1503, lors de sa création, la *Casa de la Contratación* a fortement contribué au maintien du privilège andalou. Tous les navires en partance ou en provenance d'Amérique devaient passer par Séville. Séville, au fond de l'estuaire du Guadalquivir, fermé par la barre de San Lúcar, conserva un privilège

de prime abord absurde[1] jusqu'en 1680, date à laquelle elle fut détrônée par son avant-port, Cádiz[2]. En 1717, le transfert de la *Casa de la Coniratación* à Cádiz entérinait cette déchéance, mais le principe restait le même, Cádiz avait remplacé Séville ; Cádiz héritait du privilège de Séville. En 1765, Cádiz perdait son monopole, ou plus exactement elle le partageait avec neuf ports nouveaux. 1765 annonçait le grand acte de 1778. En 1778, Charles III brisait ce qu'il restait du monopole andalou : libérant de ses entraves le commerce entre les Indes et l'Espagne. Mais même après 1778, le principe subsistait, les Indes, chose de l'Espagne, ne pouvaient avoir de communications avec le reste du monde qu'à travers l'écran espagnol. 1778, c'est déjà la fin de la période coloniale, c'est le système antérieur qu'il nous faut étudier. Le Nouveau Monde fournit à l'Espagne ses matières premières, en l'occurrence l'or et surtout l'argent. Aucune marchandise ne se prête plus aisément à la contrebande (valeur maximale sous volume minimal). C'est pour rendre le contrôle plus aisé, partant, plus efficace, que Madrid a maintenu si longtemps le monopole exclusif de Séville, puis de Cádiz. La logique du système exige l'interdiction du commerce entre les différentes provinces des Indes de Castille ; cette interdiction est maintenue à de rares exceptions près jusqu'au grand acte libérateur de 1778. 1778 brise le monopole andalou au profit de l'Espagne tout entière, et permet les contacts entre les divers royaumes des Indes. Mais jusqu'en 1766, c'est vers Séville, puis Cádiz et Séville

1. De prime abord seulement : une étude poussée révèle, en effet, que ce monopole était fondé, au moment où il a été mis en place dans les conditions techniques de la navigation et dans la géographie économique de la Péninsule.

2. L'augmentation constante du tonnage des navires au XVIIe siècle (100 tonneaux en moyenne à l'époque de C. Colomb, 300 tonneaux vers le milieu du XVIIe siècle), obligeait les navires à rompre charge à la hauteur de la barre de San Lúcar, cause de frais inutiles, et belle occasion pour la contrebande.

que s'acheminent exclusivement les galions chargés de l'argent du Nouveau Monde.

Cet argent est le fruit du *quinto* royal ; il est reçu aussi en paiement des marchandises que l'Espagne expédie aux Indes aux prix élevés que lui permet le monopole ; il sert à combler le déficit de la balance commerciale des colonies espagnoles. Pour amener jusqu'aux rives du Guadalquivir cette marchandise précieuse entre toutes, proie trop tentante pour pirates et adversaires de l'Espagne, tout un système de convois a été mis sur pied.

Pour assurer la protection de ces richesses, pour pallier le manque de pilotes qualifiés, un système de navigation en convois s'est instauré dans la réalité avant d'être mentionné dans la loi des Indes.

Si les Espagnols réussirent presque toujours à acheminer sans encombre les précieuses cargaisons, ce fut moins, sans doute, grâce à la protection de leurs canons, qu'à l'immensité de l'Atlantique d'avant la marine à vapeur (en 1798, Bonaparte ne réussit-il pas à traverser la Méditerranée à la barbe de Nelson ?..., on comprend que les galions aient réussi à braver la surveillance de leurs adversaires).

Ce trafic est, désormais, assez bien connu[1]. On peut le résumer en quelques graphiques[2].

Il ne faudrait pas mettre dans le système espagnol, plus de logique que le Gouvernement espagnol n'en a mis. Madrid n'est jamais allé jusqu'à la prohibition de l'industrie coloniale au profit de l'industrie métropolitaine, en règle générale jusqu'à la prohibition de toutes les activités économiques coloniales susceptibles de concurrencer les activités métropolitaines analogues. C'était bien ainsi que l'Anglais l'entendait. Le Gouvernement espagnol s'est acharné contre les plantations de vignes et d'oliviers

1. Cf. à ce propos H. et P. Chaunu, *Séville et l'Atlantique (1504-1650)*, Paris, SEVPEN, 1955-1960, 12 vol., gr. in-8° et in-4°, 7 343 p.

2. Cf. *infra*, p. 46-47.

que les colons s'étaient efforcés de développer au Pérou, parce que leur production risquait de concurrencer celle de l'Andalousie. Il n'a rien fait, en revanche, pour entraver le développement d'une industrie artisanale active, en grande partie d'ailleurs l'héritage de la période précolombienne. Ceci ne peut nous surprendre puisque la Métropole se trouvait dans l'incapacité de subvenir à tous les besoins des multiples marchés locaux. Moins compréhensibles, les encouragements que Charles Quint prodigua à l'industrie de la soie en Nouvelle-Espagne, qui atteignit dans la seconde moitié du XVIe siècle un degré de prospérité dont tous les récits de voyageurs témoignent. En octobre 1537, le fils d'Hernando Cortès recevait du vice-roi des privilèges étendus qui lui permettaient la plantation de 100 000 pieds de mûriers. Dès 1543, toute une législation réglementait la production des tissus et en garantissait la qualité suivant des principes qui sont ceux d'un colbertisme avant la lettre. Prospérité éphémère qui devait disparaître quand la protection royale lui fut retirée, plus encore sous les coups de la concurrence des soieries extrême-orientales qu'apportait le galion de Manille.

3. **Le commerce extrême-oriental.** – Nouvelle incohérence, la Couronne espagnole organisa elle-même la contrebande dans son propre domaine. Touchées par Magellan au cours du premier voyage de circumnavigation, les Philippines ne furent définitivement annexées au domaine espagnol que plus tard, en 1564-1565, par Miguel Lopez de Legazpi. L'expédition était partie de Nouvelle-Espagne, la nouvelle colonie resta jusqu'à la fin du XVIIIe siècle rattachée à la vice-royauté de Nouvelle-Espagne.

En butte aux convoitises des Portugais, puis des Hollandais, dans une situation éminemment inconfortable, presque aux antipodes de la Castille, isolées dans la moitié du monde que la bulle d'Alexandre VI et le traité de Tordesillas confiaient aux Portugais, les Philippines ne communiquèrent jusqu'à la fin du XVIIIe siècle, avec le reste de l'Empire espagnol, que par deux vaisseaux annuels qui, suivant un chemin immuable, parcouraient de part en part l'océan Pacifique d'Acapulco, l'exutoire du Mexique sur la mer du Sud, à Manille, la capitale des Philippines fondée en 1571. Étranglé par une législation restrictive, dont les prohibitions sans cesse renouvelées prouvent l'impuissance, le commerce du « galion de Manille » était un des plus fructueux, sinon le plus fructueux de tous ceux que l'on faisait aux Indes. Le débarquement à Acapulco des marchandises de contrebande se faisait suivant des rites fixés d'avance. Chaque fonctionnaire recevait le prix de son silence, proportionnellement à son rang. L'arrivée des galions marquait l'ouverture dans l'antre torride d'Acapulco, au pied de son rocher qui réverbère les rayons du Soleil, de la *feria* (foire), une des plus importantes de l'Empire. À la *feria* d'Acapulco, toutes les Indes accouraient s'approvisionner aux produits du luxe extrême-oriental. C'est cette concurrence qui a contribué à détruire l'industrie de la soie de la Nouvelle-Espagne. Par Acapulco et Manille, une partie de la production métallique du Nouveau Monde s'est déversée vers l'Extrême-Orient[1].

4. **L'interlope.** – Le cas du galion de Manille n'est qu'un aspect de la contrebande. La péninsule ibérique, dont l'industrie n'avait cessé de faiblir depuis le XVIe siècle, se trouvait dans l'incapacité de faire face aux besoins sans cesse accrus des Indes ; le commerce interlope était pour elle une nécessité. Les fonctionnaires coloniaux, avides de rentrer dans les débours de leur charge, et de regagner la péninsule pour y jouir d'une fortune rapidement acquise,

1. P. Chaunu, *Les Philippines et le Pacifique des Ibériques.*

étaient toujours prêts à fermer les yeux contre espèces sonnantes et trébuchantes. Désireux d'entrer dans un port des Indes, le navire qui voulait écouler sa contrebande feignait des avaries graves. Le gouverneur muni d'un présent accordait l'autorisation d'accoster. Pour effectuer les réparations, on débarquait la cargaison. Les autorités du cru la faisaient garder dans une enceinte par la troupe. Sous l'œil bienveillant des sentinelles qui avaient leur part des pourboires, la vente s'effectuait. La cargaison vendue, les avaries miraculeusement réparées, il ne restait plus qu'à lever l'ancre, et à recommencer plus loin, le même petit jeu lucratif. On estime d'habitude que plus de la moitié du commerce des Indes au XVIIIe siècle s'effectuait de la sorte ; après 1778, le rythme s'accentua, de 1788 à 1796, 26 navires bostoniens abordèrent dans les ports de la seule capitainerie générale du Chili, sans même que le Gouvernement espagnol tentât de les inquiéter. Il ne faudrait pas toutefois projeter dans le passé une situation qui fut celle du XVIIIe siècle finissant, et celle, par prédilection, des territoires périphériques, ces parents pauvres abandonnés au profit de la Nouvelle-Espagne et du Pérou, solidement tenus ; avant de tomber en quenouille, le pacte colonial a été une réalité, pour l'Espagne du moins.

5. **Le Brésil.** – Au Brésil, les données à la base sont identiques, même structure sociale aristocratique, même économie extravertie ; le monopole de Lisbonne rappelle le monopole andalou, même système de convois jusqu'en 1766. Ici, toutefois, les modalités diffèrent. Le Portural n'est pas l'Espagne ; placé depuis 1703 sous la domination économique de l'Angleterre par le traité de Methuen, le Brésil du XVIIIe siècle au point de vue commercial, est autant colonie britannique que colonie portugaise. Les marchandises anglaises alimentaient les besoins croissants du marché intérieur brésilien, après escale à Lisbonne ou même directement par contrebande.

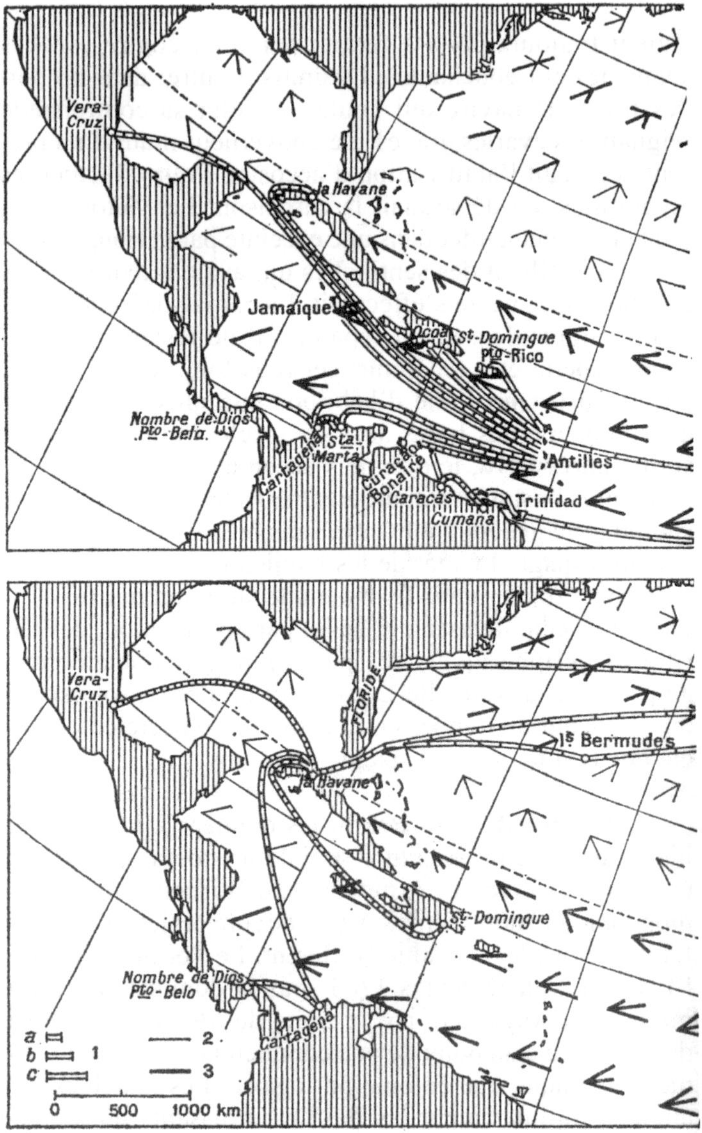

Fig. 2. – Vitesses moyennes des convois entre l'Espagne et l'Amérique de 1550 à 1650.
1. Un jour de navigation ; 2. Vent faible ; 3. Vent fort.

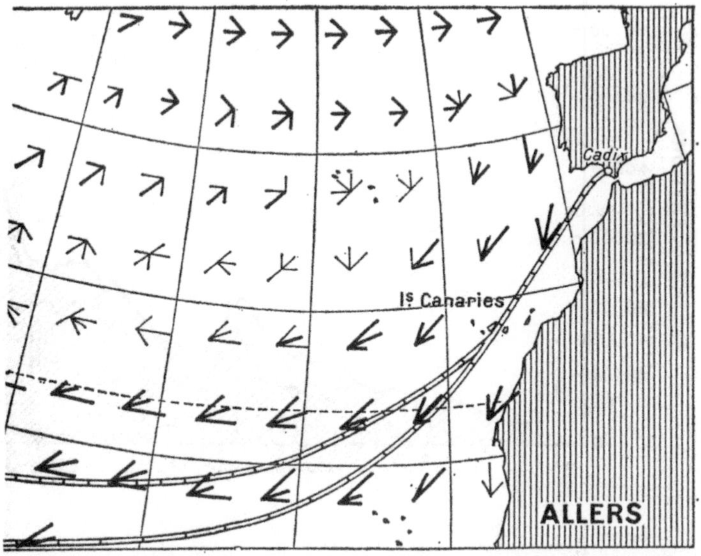

Cadix
Is Canaries
ALLERS

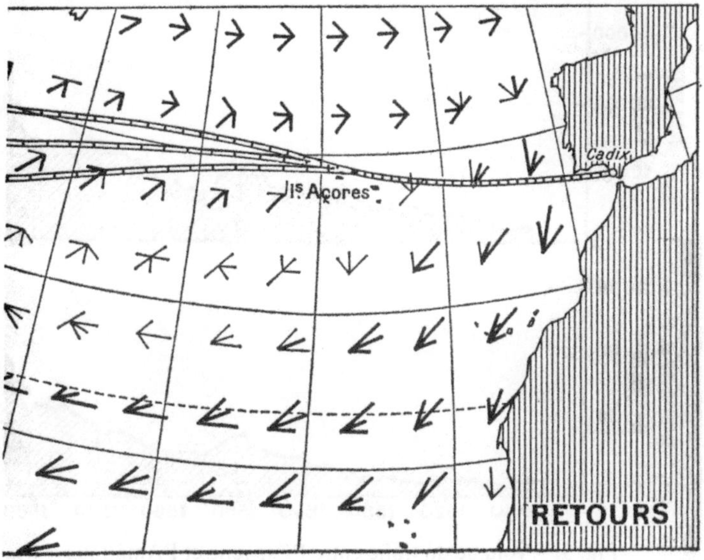

Cadix
Is Açores
RETOURS

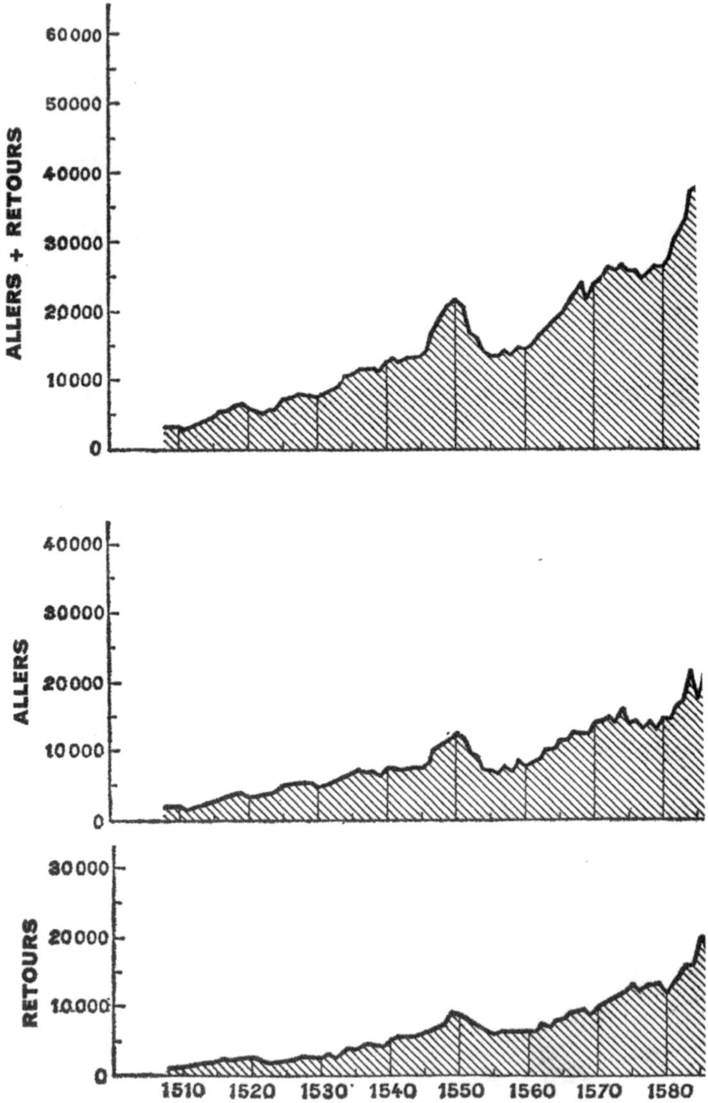

Fig. 3. – Volume du trafic entre l'Espagne et l'Amérique
de 1504 à 1650
(chiffres pondérés exprimés en tonneaux de jauge internationaux
de 2,83 m[2].)
Rabotage par moyenne mobile de cinq ans.

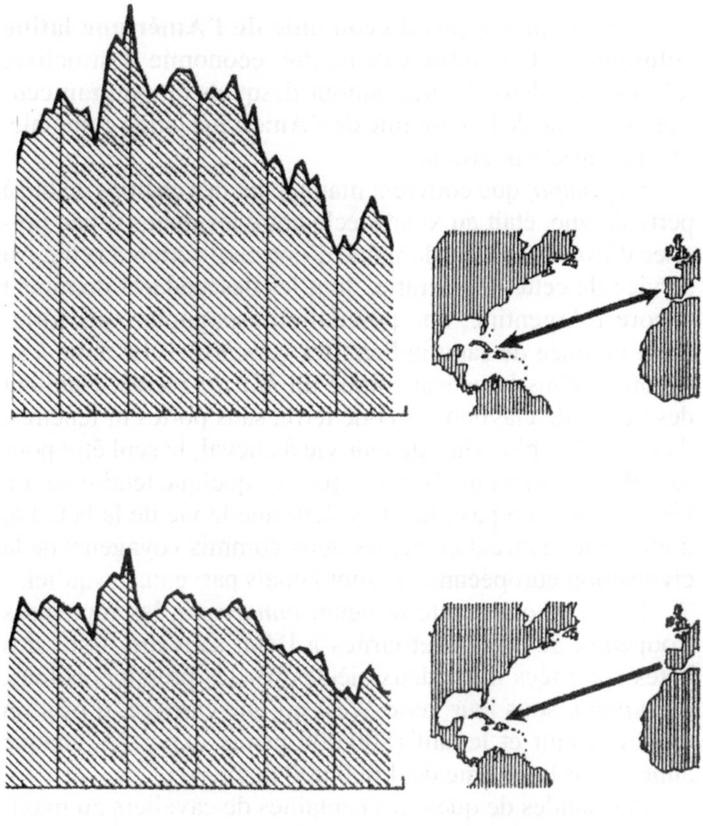
0 1600 1610 1620 1630 1640 1650

6. **Quelques types d'économie de l'Amérique latine coloniale.** – Économie extravertie, économie destructive, tels sont les deux thèmes, autour desquels on pourrait centrer une étude de l'économie de l'Amérique latine coloniale. Quelle variété pourtant.

La *pampa,* que couvrent maintenant des champs de blé à perte de vue, était au XVIIIe siècle entre les mains d'une poignée d'*estancieros,* le domaine d'une civilisation du cuir. Au service de cette aristocratie, dont les descendants dominent encore l'Argentine, une population espagnole mais fortement mâtinée de sang indien : les *gauchos* – elle aime à se retrouver dans la poésie épique du *Martin Fierro.* Habitant des huttes de clayonnage et de terre, sans portes ni fenêtres, ils passent le plus clair de leur vie à cheval, le seul être pour lequel cette humanité brutale éprouve quelque tendresse. La vie humaine n'a pas plus de valeur que la vie de la bête ; le prêtre et le maître d'école, les deux commis voyageurs de la civilisation européenne, ne sont jamais parvenus jusqu'ici.

Le *gaucho* exploite le bétail *cimarrone*, les immenses troupeaux de bœufs retournés à l'état sauvage, issus des bêtes apportées il y a deux siècles par les premiers colons. La *pampa,* sous leur lasso West qu'une carrière, d'où l'on extrait le cuir et le suif (800 000 peaux exportées chaque année pour la somme de 4 000 000 de *pesos*).

Par bandes de quelques centaines de cavaliers au maximum, les *gauchos* parcourent la *Pampa* pour le compte de leur *estanciero,* à la poursuite du bétail : on tue uniquement pour la peau de la bête, on tue un bœuf à chaque repas et par homme, on tue un bœuf pour attacher un cheval, la bête morte sert de piquet. Une odeur de charogne pèse sur la *Pampa,* qu'il faut disputer aux raids des Indiens insoumis, qu'il faut défendre contre l'infiltration brésilienne. Économie barbare, qui détruit avec une rapidité effarante son propre capital.

Le Brésil possède lui aussi son économie destructive, de type non plus pastoral cette fois, mais agricole ; c'est la fameuse économie des cycles du Brésil. Au sommet de l'échelle sociale, le grand propriétaire, le *fazendeiro,* est le pendant de l'*estanciero.* Ce n'est plus la bête que l'on tue ici, c'est la terre. Rapidement défrichée, plus par le feu que par la hache, la terre porte pendant plusieurs années consécutives ses récoltes de canne à sucre, puis quand elle est épuisée, sans avoir cherché à lui restituer ce qu'on lui a pris, le *fazendeiro* se déplace plus à l'ouest, avec son troupeau d'esclaves. Le cercle infernal recommence. C'est un désert qu'il laisse derrière lui, un sol ravagé par les pluies tropicales. Quand à la fin du XVIIIe siècle, la canne à sucre cesse dans ces conditions d'être rémunératrice, le *fazendeiro* se montre incapable de renouveler sa technique, à l'instar des planteurs antillais, qui utilisent au même moment la pulpe de la canne, pour rendre à la terre une part de la richesse qu'on lui a prise. Le Brésil de la canne à sucre s'écroule, mais au sud, un nouveau Brésil, celui du café, va naître au milieu du XIXe siècle. L'économie brésilienne est une suite d'économies destructives qui se succèdent dans le temps et dans l'espace.

Pour joindre entre eux des mondes isolés séparés par d'immenses espaces vides, une véritable civilisation des transports s'est développée, différente suivant les lieux, toujours très haute en couleur ; que ce soient les rouliers de la *Pampa,* avec leurs chariots aux immenses roues pleines que tirent, à 2 km à l'heure, des bœufs. L'organisation d'un convoi *(tropa)* est toujours une opération périlleuse et risquée : on met trente jours pour aller de Rosario à Tucuman. Plus pittoresques encore, les *arrieros* des Andes, population rude au sang mêlé, qui fait corps avec la mule, tout comme le *gaucho* fait corps avec son cheval : leur fonction essentielle est de sortir des Andes les richesses minérales que d'autres ont arrachées.

La recherche des mines a été le moteur de la conquête : les modes de l'économie minière, exploiter jusqu'à l'épuisement puis s'en aller, ont marqué toute l'économie de l'Amérique latine. Placées par la nature au cœur de la chaîne des Andes, à 3 400 m d'altitude, et parfois davantage, au Pérou, dans la région du Potosi, ou sur les plateaux arides du Mexique à Guanaxuato, dans le Zacatecas, dans l'Oaxaca..., les mines américaines ont été dévoreuses d'Indiens fournis par la *mita* (on disait pour eux l'office des morts avant leur départ). Une aristocratie minière correspond à celle des *fazendeiros* et des *estancieros,* infiniment plus riche encore : elle couvre Mexico et Lima de ses palais.

Les mines américaines n'ont pas seulement marqué l'économie américaine : elles ont les plus lourdes responsabilités dans l'histoire européenne. Il y a eu entre l'Amérique et l'Europe un échange de bons procédés : c'est l'Europe sans doute qui a le plus apporté : ses animaux domestiques, la plupart de ses plantes utiles, ses techniques, ses hommes. Europe et Amérique ont échangé leurs maladies infectieuses. L'Amérique a donné à l'Europe, le tabac, le maïs..., mais l'Amérique a donné surtout à l'Europe ses métaux précieux. Leur responsabilité dans l'histoire européenne est capitale. Quand, poussée par sa soif d'or et d'argent autant que par sa soif d'épices, l'Europe est allée au-devant de l'Amérique, elle a trouvé d'abord l'or des Antilles en petite quantité, mais à partir de 1530-1540, la découverte des mines d'argent du Mexique et du Pérou, l'adaptation aux minerais américains (1558-1560, en Nouvelle-Espagne, 1572-1573, au Pérou) du procédé de fabrication par amalgame avec le mercure ont fait faire à la production de l'argent du Nouveau Monde un bond prodigieux. C'est elle qui déclenche la crise des prix du XVIe siècle, et sauve l'Europe d'un nouveau Moyen Âge en reconstituant son stock métallique. L'argent du Mexique et surtout du Pérou s'écoule régulièrement comme l'a montré Earl J. Hamilton, depuis Séville, son point de départ, à travers l'Espagne, puis gagne la France, l'Italie, l'Angleterre, l'Allemagne, les Pays-Bas..., vivifiant partout l'économie sur son passage. Grâce, entre autres facteurs, à l'abondance des signes monétaires, le XVIe siècle est une période de prospérité.

Quand, vers 1630-1640, l'Amérique cesse pour un siècle d'irriguer l'Europe, une ère de contraction des échanges et de difficultés économiques qu'exprime le mercantilisme étroit de Colbert, succède en Europe au XVIe siècle économique : passage d'une phase A à une phase B, disent depuis Simiand les économistes.

Au XVIIIe siècle, l'or des Minas Geraes (Brésil), puis le renouveau de l'extraction argentifère au Mexique, à la fin du siècle, provoquent en Europe le passage d'une phase B à une phase A : abondance des signes monétaires, lente et fructueuse montée des prix ; au pessimisme économique du XVIIe siècle fait place, comme l'a montré C.-E. Labrousse, l'optimisme du XVIIIe siècle. Responsabilité américaine dans l'histoire européenne et dans l'histoire mondiale, puisque si nous devons en croire Humboldt, à la fin du XVIIIe siècle : « la quantité d'or et d'argent que le nouveau continent envoie annuellement en Europe fait plus des 9/10 de la production totale des mines dans le monde connu », 3 500 000 marcs d'argent rien que pour l'Amérique espagnole.

DEUXIÈME PARTIE

L'effondrement du système d'indépendance de l'Amérique latine

Chapitre I

Les causes

De 1808 à 1823, l'édifice colonial bâti par le Portugal et l'Espagne, au cours de trois siècles d'histoire, s'effondre, condamné par l'évolution générale des idées du XVIIIe siècle, miné par ses vices internes. L'indépendance de l'Amérique latine suit de près la révolte des Treize colonies anglaises ; le phénomène est du même ordre ; les deux Amériques sont entraînées contre leur Métropole, par le grand courant libéral du XVIIIe siècle ; la révolte des colonies espagnoles et portugaises est l'écho, vers le sud, de la révolte des colonies anglo-saxonnes. Mais là s'arrête l'analogie.

La conquête espagnole avait imposé au sud du continent américain une unité factice, en retenant sous sa domination des peuples différents, des civilisations diverses, logées au sein de cellules géographiques, séparées par d'immenses espaces. Elle avait réussi à donner les linéaments d'une même culture par l'intermédiaire du castillan, à un ensemble de peuples, jadis Babel aux 100 langues, mais elle n'avait pas réussi à abolir les données de la nature, les immenses espaces qui repoussent l'homme. À la fin du XVIIIe siècle, il fallait trente jours encore aux *tropas* pour aller de Rosario à Tucuman, au pied des Andes, à travers une *Pampa* non colonisée, que parcouraient les *indios bravos,* séjour de mauvaises rencontres. Entre la vice-royauté du Pérou et la capitainerie générale du Chili, qui en dépendait, aucune communication terrestre n'était possible à travers le désert de la Puna de Atacama. Entre le noyau humain de Caracas, centre futur du Venezuela, et la vallée du Magdalena, cœur de la Nouvelle-Grenade, deux obstacles insurmontables, les *llanos* fiévreux et le mur des Andes : là encore, il n'y avait de communications que par mer. L'Amérique latine était formée (elle le reste encore) d'un certain nombre de noyaux humains liés entre eux, ou plutôt séparés par l'épaisseur des montagnes, des savanes, des forêts vierges. La révolte a renforcé l'unité des colonies anglaises, parce que cette unité était inscrite dans la nature, la révolte a brisé l'unité factice de la conquête, que la conquête n'avait pas encore eu le temps d'inscrire dans la réalité géographique. Tel est le grand drame de l'Indépendance, elle amène avec elle le morcellement et l'impuissance.

Au XVIe et au XVIIe siècle, l'Espagne, on ne pourrait en dire autant du Portugal, avait conçu un système colonial qui fut un modèle pour les autres nations européennes, le plus respectueux, somme toute, de l'humanité colonisée. Sur ce point, tous les historiens contemporains s'accordent. Mais au XVIIIe siècle, cette lourde machine aux rouages complexes s'essouffle. Elle s'effondre lors de la grande crise des métropoles, au début du siècle suivant. Pour cette période, nous avons la bonne fortune de posséder le témoignage d'Alexandre de Humboldt. Ce savant allemand curieux de toutes choses a parcouru en tous sens les Indes de Castille, dans les dernières années du XVIIIe et au début du XIXe siècle.

La Révolution fut avant tout le fait de l'aristocratie créole, avec ou sans l'appui de la population métisse. Les Indiens ont été le plus souvent les témoins passifs d'événements qui les dépassaient, quand ils n'ont pas pris parti, d'abord, pour l'Espagnol, maître lointain, contre le créole, maître immédiat. La Révolution de l'Amérique latine, le pays le plus aristocratique de la terre, fut avant tout un fait aristocratique. C'est du côté créole qu'il faut nous placer.

Installés depuis plusieurs générations, sans esprit de retour, sur une terre qu'ils considèrent comme leur, les créoles tiennent en main les rênes économiques des Indes. Ils possèdent les immenses *estancias* et leurs troupeaux d'esclaves, ils détiennent et remplissent les cadres du barreau, ils forment en rangs serrés et turbulents, le peuple des *letrados,* particulièrement ouverts aux idées du siècle. Or, par une contradiction interne, cette élite économique et de l'intelligence, dans une société où la présence de l'Indien et de l'esclave noir confère à tout homme blanc « un complexe de supériorité », souffre de l'exclusion, de la méfiance dont l'entoure l'administration royale. Ces Espagnols de race et de culture (ce qui est vrai aux Indes l'est au Brésil) sont tenus à l'écart des hautes places les plus honorifiques et les plus lucratives. Sur les 60 vice-rois de l'histoire coloniale, on compte à peine 4 créoles ; 14 sur les 602 capitaines généraux. L'exclusive qui les écarte de la haute administration laïque les écarte également des hautes charges ecclésiastiques, ce qui explique l'attitude du haut clergé pendant la Révolution. Ce n'est point, par conséquent, sans mépris, ni sans colère (on n'a pas en Amérique de termes assez méprisants, pour les *chapetones, gachupines, godos*...) que l'élite créole est souvent brimée par 300 000 Espagnols de la Métropole. Véritable pluie de sauterelles que celle-ci déverse sans cesse sur ses colonies : avide et famélique, l'armée des *chapetones* où se recrute l'élite des vice-rois, compte surtout dans ses rangs une plèbe où se coudoient *letrado* de Salamanque et pâtres illettrés de l'Estrémadure, fière de la supériorité factice que lui confère sa naissance, la seule finalement dont elle puisse se targuer. L'image de la cascade de mépris dont Cournot se sert pour caractériser la société de l'ancienne France est plus vraie encore, pour la société coloniale du Nouveau Monde.

Meurtrie dans son orgueil, entravée dans ses possibilités d'avancement social, perpétuellement grugée par 300 000 parasites qu'elle se doit de nourrir et grassement, l'élite créole est brimée dans ses intérêts économiques. Dans la mesure où elle détient l'essentiel des richesses, c'est elle qui souffre le plus du carcan du Pacte colonial. Conçu uniquement dans l'intérêt de la Métropole, le système colonial de l'ancien régime économique est d'autant plus difficilement applicable ici que depuis plus de deux siècles les métropoles ibériques sont dans l'incapacité de pourvoir aux besoins réels de leurs colonies américaines. Le monopole de Séville, puis celui de Cádiz, qui cède le pas, en 1765, puis en 1778, à un monopole plus large de l'ensemble de l'Espagne, celui de Lisbonne, ne sont guère dans ces conditions qu'un moyen d'exaction fiscale, un de plus, avec le *quinto,* et le lourd appareil de la fiscalité castillane et portugaise qui draine, sans profit pour l'économie des pays producteurs, vers l'Europe parasite, les métaux précieux que la technique créole et le sang indien arrachent chaque jour aux Rocheuses et aux Andes. « Le commerce au bout de la pique » corrige, fort heureusement, ces inconvénients, et encore... Solution incommode et onéreuse : l'armateur anglais fait payer naturellement à l'économie indienne le risque assez mince qu'il encourt dans l'entreprise, et l'économie indienne paye finalement les lourds tributs qu'exige l'Administration espagnole pour fermer les yeux. L'économie de l'Amérique espagnole ne meurt pas d'asphyxie, mais elle paye cher son droit à la vie.

Avec le XVIIIe siècle et la Renaissance bourbonienne, un peu de la logique française entre dans l'administration de l'Escorial. Le Pacte colonial se resserre. Le temps est clos où Charles Quint encourageait l'industrie séricicole en Nouvelle-Espagne ; les prohibitions contre les économies concurrentes se multiplient, ou plutôt, on songe à les appliquer : c'est la guerre à la vigne et à l'olivier.

Tel est, en gros, le carcan. S'il blesse, à la fin du XVIIIe siècle, c'est que, paradoxe, malgré l'épaisseur de l'Atlantique-des-clippers, l'Amérique latine participe, dans son élite créole, au grand mouvement d'idées du XVIIIe, tant il est vrai que les idées sont aptes à se faufiler avec les marchandises et les hommes qui les portent. Malgré la surveillance de l'Inquisition, une vie intellectuelle intense anime le monde qui gravite autour des universités américaines : celle de Mexico, fondée en 1551, de Lima, en 1553... Les sciences exactes elles-mêmes, selon le témoignage de Humboldt, font un peu partout des progrès : Mexico jouit dans ces domaines d'une remarquable avance. Caracas, Quito, Bogota suivent l'exemple de la Nouvelle-Espagne. Des journaux, *El Mercurio peruano, La Gaceta de Lima, El telegrafo mercantil* de Buenos Aires, ancêtres de la presse périodique, *El Mercurio volante* en Nouvelle-Espagne, *La Gaceta de Mexico, El Diario de Mexico* servent de véhicule aux idées du siècle.

D'autant plus aisément que le carcan se relâche.

À la fin du XVIIIe siècle, l'isolement tend à s'effacer : Cádiz perd son privilège ; neuf ports nouveaux sont ouverts, en Espagne, au commerce des Indes. 1768 : liberté de commerce entre la vice-royauté de Santa Fe de Bogota et la vice-royauté du Pérou ; la vice-royauté de la Nouvelle-Espagne, puis celle de La Plata reçoivent le même privilège : en 1778, la liberté de communication entre les colonies et avec l'Espagne est à peu près complète. Le carcan se relâche assez pour rendre plus facile la pénétration du dehors, assez aussi pour permettre aux Créoles de mieux mesurer ce qui leur manque encore.

Depuis longtemps déjà, la domination coloniale avait été secouée par des convulsions internes, mais il faut atteindre le XVIIIe siècle pour que les mouvements prennent quelque ampleur. Au Paraguay, en 1725, Antiñera, à la tête des « Communeros », parlait déjà de souveraineté populaire. En 1740-1741, une révolte plus grave part du Pérou, pousse ses ramifications à travers toute l'Amérique du Sud et tend à substituer au pouvoir du roi d'Espagne, celui de l'Inca, Felipa. En 1750, l'affaire rebondit, exploitée par l'Angleterre. Avec la seconde moitié du siècle, les convulsions se font plus intenses et plus nombreuses depuis l'émotion populaire de Quito, qui éclate en 1765 et prend un caractère sécessionniste, jusqu'au grand soulèvement des Minas Geraes, qui ébranle le Brésil (1789) ; 1780, l'année noire, ne compte pas moins de trois mouvements similaires. Au Chili, Créoles et Espagnols réclament une monarchie constitutionnelle ; au Pérou, l'Inca Túpac Amaru cherche à s'emparer du pouvoir et déchaîne l'insurrection indienne. À Caracas, des troubles éclatent, sous l'instigation de Miranda.

Mais l'entreprise de Miranda obéit à une cause extérieure, l'exemple de la Révolution des Treize colonies anglaises.

La révolte des 13 colonies anglaises est un des événements qui a le plus contribué à jeter à bas la domination espagnole en Amérique : elle apporte la justification par l'expérience, elle crée, à proximité de l'Amérique latine, un foyer révolutionnaire.

La révolte des 13 colonies éclata en 1776. Avec réticence l'Espagne se laissa entraîner, poussée par sa haine de l'Angleterre, à la remorque de son allié français, dans une guerre contre une nation colonisatrice voisine. L'Espagne avait trop conscience du danger qu'elle encourait pour agir sans angoisse. Le comte Aranda, ministre éclairé d'un monarque éclairé, conscient du péril, proposait à son maître la création de trois royaumes à Mexico, à Lima et à Bogota, à la tête desquels on placerait des Infants. Le projet Aranda, repris ensuite par Godoy, traduit un désarroi que l'événement justifie.

Ce fut aux États-Unis que Miranda, le héros de l'Indépendance, conçut de son propre aveu le projet de libérer les Indes. En 1783, il s'en ouvrait à Alexandre Hamilton,

Samuel Adams, Henry Knox et peut-être à Washington. Les contacts commerciaux qui ne cessaient de se développer, malgré les « tabous » du Pacte colonial, entre les jeunes États-Unis et les colonies espagnoles, permirent à l'exemple américain de pénétrer aux Indes : de 1788 à 1796, on signalait, au large des ports chiliens, 26 navires bostoniens. Ce chiffre est éloquent en soi.

À l'ébranlement proche causé par la révolte des 13 colonies succéda une secousse plus lointaine, mais de portée universelle : lectrice de Montesquieu, de Voltaire, de Rousseau, de Mably, malgré la police et l'Inquisition, l'élite créole devait vibrer à l'annonce de la Révolution française. Après son échec, Miranda entra en contact avec les chefs girondins : Gensonné, Kersaint, Brissot, Lebrun, Monge. En 1797, une junte où siégeait José del Pozo y Sucre se tint à Paris. Mais la Révolution française apporta plus que des ferments idéologiques ; elle causa l'événement qui devait détacher l'Espagne de ses colonies. Lorsque l'Espagne vaincue en 1795 signa le traité de Bâle, et poussée par le Directoire, se lança dans la lutte contre l'Angleterre, c'est-à-dire contre une puissance qui tenait la mer, elle fut coupée de ses possessions du Nouveau Monde. Acculée, elle se résigna à l'inévitable : déchirer le Pacte colonial.

Incapable de fournir à ses colonies les marchandises dont elles avaient besoin, et privée de leurs métaux précieux nécessaires à la poursuite de la guerre, l'Espagne se décida, par l'Acte du 18 novembre 1797, à ouvrir les ports américains aux navires neutres. Elle espérait en faire ses intermédiaires entre elle et les Indes. Le pas décisif franchi, l'Espagne ne put revenir en arrière. Lorsque le 18 avril 1799, consciente du péril, elle chercha à rapporter la mesure, l'irrévocable était accompli. La plupart des gouverneurs refusèrent d'interdire leurs ports aux navires neutres. Le Gouvernement espagnol ne put lui-même se soumettre à la règle qu'il venait d'énoncer : il se mit à vendre des licences... En 1802, à la paix d'Amiens, le retour officiel au monopole ne modifia pas la situation ; lorsque deux ans après, la guerre reprit contre l'Angleterre, le monopole fut à nouveau aboli. Il importait peu : en fait, depuis 1797, le Pacte colonial était mort et l'Amérique espagnole ouverte aux neutres.

Ouverte aux neutres, c'est-à-dire aux États-Unis, aux navires et à l'influence yankee. De 1788 à 1796, on comptait, malgré le Pacte colonial, 26 navires bostoniens dans les ports chiliens, on en comptait 226, de 1797 à 1809. À La Plata, la liberté profite directement aux États-Unis, plus encore à La Veracruz, à Callao et à La Havane. En 1805, on compte à Montevideo 22 navires américains, pour moitié des négriers, en 1806, 30 navires américains. Les premiers navires en provenance de La Guaira (Venezuela) arrivaient à Philadelphie en 1798 ; en 1807, 29 navires y arrivent en provenance du Venezuela, 138 en provenance de Cuba, 18, de Puerto Rico, 7, de La Veracruz, 2, de La Plata. En 1795, le volume des exportations des États-Unis en direction de l'Amérique latine était, en dépit du monopole hispanique, de 1 389 219 $; celui des importations, de 1 739 138 $; en 1801, après l'Acte de 1797, les exportations se montent à 8 437 659 $, les importations, à 12 799 888 $. Pour soutenir cette prodigieuse expansion commerciale, l'embryon d'une représentation consulaire yankee est créé, les agences de La Nouvelle-Orléans et de La Havane, mises en place en 1797, les consulats de Santiago (de Cuba) et de La Guaira (Venezuela) ne jouissent que d'une tolérance de fait ; ils n'en sont pas moins. Il n'est pas d'espace que les idées ne traversent sur les routes que parcourent les hommes et que suivent les marchandises.

Cette influence des idées américaines, on peut la suivre dans l'activité répressive des autorités : dès 1794, avant l'ouverture des ports au commerce neutre, à Mexico, à Santa Fe de Bogota, ailleurs encore, les propagateurs des slogans révolutionnaires sont persécutés, les suspects torturés dans les prisons. Pourtant, les textes incendiaires de l'indépendance pénètrent partout, on multiplie les traductions du *Common Sense* de Thomas Paine, violente attaque contre le Pacte colonial ; cette influence, nous la retrouvons dans les textes des constitutions sud-américaines, qui ne font guère que reproduire souvent des fragments de la Constitution jeffersonienne.

CHAPITRE II

L'effondrement

Sur ce terrain ainsi préparé, les premières tentatives de soulèvement éclatèrent. En 1806, une première tentative de Miranda sur la côte vénézuélienne, appuyée par l'Angleterre, échoua. Les prisonniers, parmi lesquels on comptait des Yankees, furent pendus. Une deuxième expédition, en août 1806, avec l'aide officielle, cette fois-ci, des Anglais, tomba à plat, malgré l'appel à la révolte rédigé par un jésuite : Juan Pablo Viscardo. Une aventure analogue contre le Rio de La Plata dirigée par Popham n'eut pas plus de succès ; la population de Buenos Aires repoussa l'attaque anglaise. Les tentatives de 1806, 1807 trop précoces et qui heurtaient le sentiment national des Américains latins étaient vouées à l'échec. Malgré une longue préparation intellectuelle, l'Amérique latine n'était pas encore prête pour l'Indépendance. Elle fut jetée dans la révolte, par la défaillance des métropoles.

I – L'INTERVENTION FRANÇAISE. LA PREMIÈRE RÉVOLUTION ET SON ÉCHEC

Napoléon, sans le vouloir, réussit où l'Angleterre a échoué. 1797 et 1808 sont pour l'Amérique latine les deux dates décisives sur la voie de l'isolement et partant, de l'Indépendance. Novembre 1807 : Junot pénètre à Lisbonne.

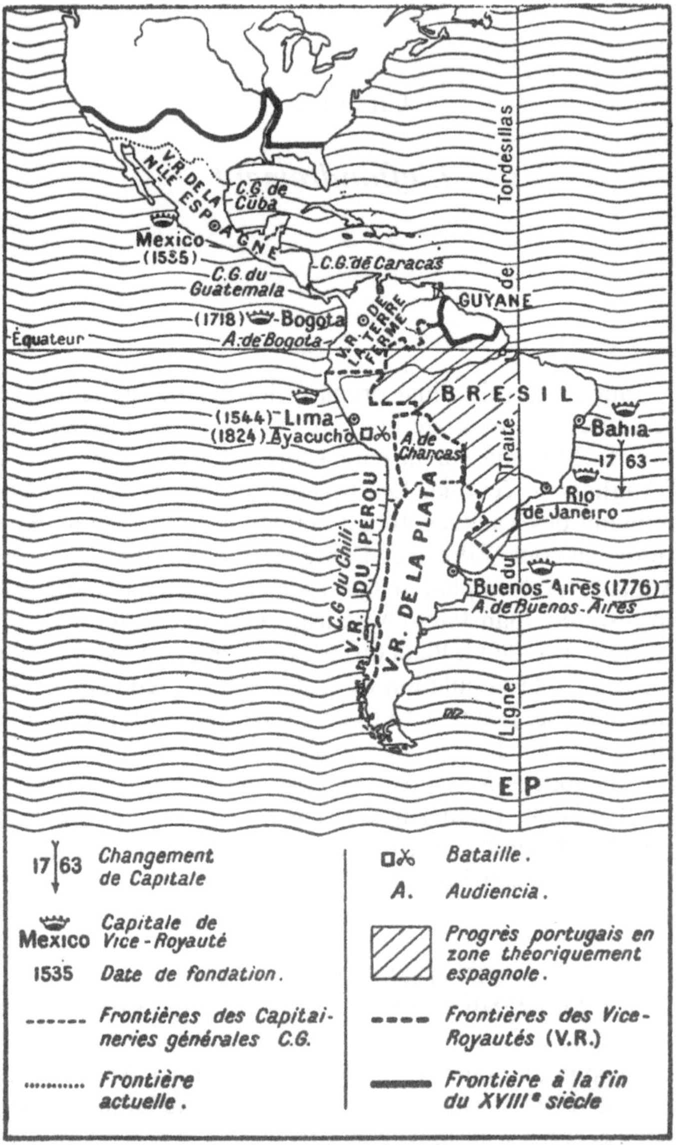

Fig. 4. – Les divisions administratives (fin du XVIIIe siècle).

Une flotte emporte vers les côtes du Brésil la famille de Bragance et le trésor portugais. L'intervention napoléonienne a déplacé d'un coup le centre de gravité de l'Empire portugais vers l'Amérique. Le Brésil s'ouvre aux navires et au commerce anglais. Mai 1808 : Napoléon convoque à Bayonne la famille royale d'Espagne et lui fait un sort. Le 5, Charles IV abdique, le 6, Ferdinand, son fils, l'imite. Pour convertir l'Espagne au blocus continental, dans l'espoir ainsi de mettre la main sur les richesses des Indes, Napoléon place Joseph sur le trône des Rois Catholiques. Mais le peuple espagnol refuse de s'incliner. Une junte insurrectionnelle se constitue à Séville ; c'est elle désormais qui va, pendant six ans, parier au nom de l'Espagne libre. Entre Napoléon et la *Junta,* une course de vitesse se joue : c'est à qui amènera dans son camp l'Amérique espagnole. L'Assemblée des Notables réunie à Bayonne pour reconnaître le roi Joseph compte pour la première fois dans l'histoire de l'Espagne des représentants des Indes. Dans la Constitution que Napoléon a préparée pour l'Espagne, une représentation régulière des colonies est prévue. Napoléon compte sur sa popularité en Amérique pour rallier à la cause de Joseph les colonies espagnoles.

L'arrivée dans les ports des Indes de Castille des envoyés français chargés d'apporter aux fonctionnaires en place le message de Joseph et celui de l'empereur donna lieu à des scènes dramatiques ; parfois quelques hésitations mais partout la même issue, « l'explosion sauvage et féroce de loyalisme » dont parle Toreno. À Caracas, le 15 août 1808, le capitaine général Casas hésita, mais un *cabildo* réuni en hâte fait pencher la décision en faveur de Ferdinand VII ; à Mexico, le vice-roi Iturrigaray, dont les ambitions allaient loin, n'eut pas même le moment de doute de Casas. À Bogota, les premières nouvelles des événements parvinrent le 19 août 1808 ; dès le 13 septembre, une déclaration violente contre Napoléon était placardée sur tous les murs. À Buenos Aires, malgré l'envoi d'un ambassadeur de choix, le marquis de Sassenay, malgré les sympathies évidentes du vice-roi Liniers, la décision là aussi se tourna contre la France. Malgré l'effort de l'empereur, les colonies se rangèrent les unes après les autres dans les derniers mois de 1808, aux cris de « Vive Ferdinand VII », du côté de la junte de Séville, dans le camp de l'Espagne libre.

Pas pour longtemps.

Presque aussitôt, le mouvement loyaliste devint séparatiste. Napoléon, que l'on a appelé parfois le libérateur de l'Amérique, joua son rôle dans cette volte-face. Impuissant à dominer l'Amérique espagnole, impuissant à mater la résistance de Séville, il se fit le champion de l'Indépendance, pour affaiblir l'adversaire. Napoléon inonda les Indes de ses agents provocateurs dont le plus connu est Desmolard, l'instigateur du mouvement révolutionnaire qui éclata, en avril 1810, à Caracas. Mais Desmolard n'est qu'un nom ; dans toutes les capitales des vice-royautés et des capitaineries générales, on pourrait citer d'autres Desmolard plus ou moins adroits plus ou moins chanceux. Il est bien difficile de mesurer leur rôle à leur juste valeur.

Plus que Napoléon, l'exemple des 13 colonies anglaises accomplit son œuvre. Pendant que la métropole presque tout entière est occupée par la Grande Armée et que l'Andalousie s'effondre, l'Amérique proclame son indépendance. En mars 1811, un congrès qui réunit les *cabildos* des villes vénézuéliennes se tient à Caracas, l'indépendance vénézuélienne est proclamée le 5 juillet 1811. La Constitution de décembre 1811 reproduit presque mot à mot les termes de la Constitution jeffersonienne.

Quito suit l'exemple de Caracas, en décembre 1811.

Buenos Aires, qui avait accepté en 1809 le nouveau vice-roi désigné par la junte de Séville, rejette le joug en 1810. Le 25 mai, le vice-roi doit capituler, devant une coalition que dirige Manuel Belgrano ; une *Junta* est élue, elle groupe l'essentiel de l'élite créole. Des bouches de La Plata, la révolte rayonne, avec plus ou moins de succès en direction de la Bolivie, du Paraguay, de l'Uruguay. L'indépendance est proclamée, La Plata définitivement perdue pour l'Espagne. En 1811, avec un peu de retard, le Chili se libère à son tour, mais les Espagnols restent maîtres de la situation au Pérou.

Au Mexique, la tentative prématurée du vice-roi Iturrigaray, pour se libérer de la tutelle de Séville, échoue en septembre 1808 ; il en est de même du mouvement populaire à la tête duquel se place l'humble curé Hidalgo qui entraîne les Indiens sous la bannière de Notre-Dame de Guadalupe. Hidalgo succombe : il est exécuté en juillet 1811. Mais un autre prêtre, le créole Morelos, réussit et, le 6 novembre 1813, l'indépendance de la Nouvelle-Espagne est proclamée. La traduction qui parut alors du *Common Sense* de Thomas Paine, sous ce titre révélateur : « idée nécessaire à tout être américain indépendant qui cherche à être libre », démontre assez bien le rôle joué par l'idéologie yankee.

L'Espagnol, cependant, ne s'estime pas vaincu. La Junte de Séville, avec l'aide de l'Angleterre, chasse pied à pied l'envahisseur du sol national. L'Angleterre, divisée entre la tentation d'utiliser dans l'intérêt de son expansion économique l'immense champ commercial qu'ouvrent pour elle les Indes révoltées et le désir de soutenir son allié espagnol contre Napoléon, n'ose donner aux insurgés l'appui dont ils auraient besoin. Les États-Unis eux-mêmes, malgré la sympathie de Jefferson et de ses amis, hésitent aussi : la Nouvelle-Angleterre, qui ravitaille en vivres les armées combattant sur la péninsule Ibérique, sacrifie à son rôle de munitionnaire ses sympathies pour les insurgents. Les profits réalisés par le commerce péninsulaire l'emportent sur les profits réalisés dans les Indes nouvellement ouvertes au commerce américain. Quand, en 1812, le parti jeffersonnien entraîne dans la lutte contre l'Angleterre la jeune République nord-américaine, il rend impossible toute aide effective des États-Unis en faveur des insurgés. Les États-Unis ont trop à faire pour sauver leur propre existence. Napoléon est trop loin pour venir au secours de ses amis sud-américains, le blocus anglais et la défaite l'ont empêché d'agir. C'est donc à peu près réduits à leurs seules forces que les insurgés ont dû lutter contre les forces espagnoles et l'appui que leur prête le parti loyaliste, dans tout le pays.

Cet isolement, la division des Américains, la nature du pays expliquent l'échec des premiers mouvements révolutionnaires, malgré la prodigieuse personnalité de quelques chefs fabuleux.

À peine créés, les États-Unis du Venezuela doivent écraser les rébellions suscitées par le clergé et les tenants de l'Ancien Régime. Le tremblement de terre de Caracas (26 mars 1812) est exploité par le clergé contre les insurgés. Miranda est fait dictateur, mais il est finalement contraint à la capitulation. Caracas succombe le 30 juillet 1812. C'est alors qu'apparaît, dans l'histoire vénézuélienne, celui qui sera le Héros de l'Indépendance, Simón Bolívar.

Simón Bolívar naquit à Caracas le 24 juillet 1783. Fils d'un grand planteur créole, mais orphelin à 3 ans, il fut mis entre les mains d'un précepteur, Simón Rodriguez, fervent disciple de Rousseau. Élevé selon les principes de l'*Émile,* lecteur de Plutarque, il fut dès sa jeunesse hanté par un rêve héroïque. À 16 ans, il partit à Madrid pour y achever son éducation. Marié à 20, veuf à 21, il parcourut l'Europe et y promena son chagrin, héros romantique avant l'heure. Au cours de cette odyssée de capitale en capitale, il put s'imprégner aux sources des idées du XVIIIe siècle, qu'il avait connues jusque-là à travers les livres. Quand il rentra dans sa patrie en 1807, après un bref séjour aux États-Unis, c'était un homme enrichi et résolu à accomplir le serment d'Hannibal qu'il avait prêté dans sa jeunesse : libérer son pays du joug de l'Espagne. Envoyé en mission en Angleterre par la *Junta* de Caracas, afin d'obtenir aide et reconnaissance pour sa patrie, il mit dès cette époque son immense fortune au service de la Cause.

À son retour, Bolívar se tourne contre Miranda. Il contribue à l'arrestation du héros déchu ; dureté toute jacobine. Livré aux royalistes par les siens, puis aux Espagnols, Miranda meurt misérablement quatre ans plus tard, dans les geôles de Cádiz. La place est nette pour Bolívar. En décembre 1812, il se met à la disposition de la junte de Carthagène, il fonde la seconde République vénézuélienne. Bolívar en reçoit le titre de « libérateur » (janvier 1814), mais la seconde République vénézuélienne subit le sort de la première.

La cause royaliste reçoit en effet l'aide d'un curieux personnage, José Thomas Boves, qui entraîne derrière lui, au nom du roi, contre l'aristocratie créole de la côte, les bandes des *gauchos,* sangs mêlés et Indiens sauvages, ivres de sang et de pillage. Bolívar quitte Caracas, puis il s'embarque pour la Jamaïque en mai 1815. Malgré une résistance sporadique qui n'a jamais cessé totalement, en 1815, les Espagnols semblent avoir triomphé dans la vice-royauté de Terre-Ferme. En 1812, ils ont repris Quito révoltée. En Nouvelle-Espagne, la junte de Chilpancingo convoquée en septembre 1813 par le prêtre Morelos proclame l'indépendance, et jette les bases d'un programme vaste et ambitieux : abolition de l'esclavage, réforme fiscale, égalité devant la loi… mais là aussi, les Espagnols et leurs partisans ont finalement le dernier mot ; Iturbide contraint l'armée de Morelos, milice sans cohésion, à la retraite. Huit mille hommes arrivent d'Espagne à l'automne 1814, cet apport permet à Iturbide de remporter le succès décisif. Prisonnier, Morelos est exécuté le 22 décembre 1815. À la nouvelle de la restauration de Ferdinand VII, l'Amérique centrale qui s'était agitée, en 1812, rentre dans le calme (1814). La junte de Santiago du Chili est vaincue, l'autorité de la cour espagnole reconnue. De toutes les Indes de Castille, seuls les pays de La Plata, malgré les divisions intérieures, qui là comme ailleurs, affaiblissent les patriotes, résistent et ne succombent pas à la reconquête espagnole.

En 1815, Ferdinand VII récupère son royaume ; il s'empresse d'abolir la Constitution de 1812 pour rétablir en Espagne l'absolutisme le plus total ; il espère bien recouvrer par la force l'ensemble de son héritage. Seule lui échappe La Plata, qui persiste dans la dissidence, mais pour combien de temps ? L'Empire colonial espagnol est reconstitué, le lien est renoué avec le passé.

Quelles furent les causes de ces revers ?

La conjoncture internationale : la lutte que l'Angleterre mena contre Napoléon, à la tête d'une coalition européenne, les hésitations et la paralysie des États-Unis desservirent la cause de l'Indépendance latino-américaine, en la privant de ses alliés naturels.

Partout, les rivalités personnelles, les luttes de clans ont déchiré les armées créoles. Le morcellement du pays, son manque d'unité sociale, ethnique, géographique paralysèrent les idées et les gens. Les Espagnols surent les mettre à profit. L'Église catholique pesa de tout son poids sur les consciences. Une portion importante, le tiers peut-être, de l'aristocratie resta fidèle à la cause du roi soit par idéal, soit par crainte de la révolte indienne : les *Llaneros* indiens provoquèrent l'échec de la première insurrection de la vice-royauté de Terre-Ferme ; ailleurs, comme en Nouvelle-Espagne, la crainte des Indiens fut bien pour les Créoles le commencement de la sagesse. L'unité factice que les Espagnols avaient plaquée sur le morcellement naturel du pays au moment de la conquête, difficilement supportée par les habitants, éclata avec l'autorité espagnole, lors de l'insurrection. L'insurrection fut l'œuvre des autorités locales, des *cabildos,* écoles timides de *self-government* pour l'élite créole. Mais née du particularisme, l'indépendance devait en mourir. Chaque junte insurrectionnelle agissait pour son propre compte sans lien avec ses voisines. Les noyaux humains séparés par de longues distances ne désiraient pas avoir de contact entre eux ; ils ne le pouvaient même pas. Le particuralisme est ici l'expression humaine du morcellement géographique. Les seules communications possibles pour ces vastes espaces, en ce début du XIXe siècle, restaient les communications maritimes. Il était loisible aux Espagnols, maîtres de la mer, en lutte contre des insurgés dépourvus de marine, de déplacer leurs armées régulières libérées par la paix en Europe. Il leur était facile d'écraser successivement les différents points de résistance.

Contre les troupes mobiles et cohérentes de l'Europe, les milices indigènes ne pouvaient pas grand-chose. C'est pourquoi la première manche revint à l'Espagnol.

II – 1817-1823. LA RÉVOLUTION TRIOMPHE

Mais la conjoncture ne devait pas tarder à se retourner contre lui. Une fois la guerre finie en Europe, il pouvait sembler qu'unies dans la Sainte-Alliance les puissances européennes formassent derrière l'Espagne un groupe monolithique, pour défendre en Amérique la cause de l'ordre menacé. Il n'en fut rien. La Grande-Bretagne, seule capable d'agir, n'était plus gênée, dans ses sympathies intéressées pour les jeunes Républiques, par la préoccupation de ménager les susceptibilités de l'Espagne, son ancienne alliée contre la France. Elle ne cessait de défendre l'immense marché que lui offrait « l'Amérique libre ». L'Angleterre qui était en train de faire sa révolution industrielle, cinquante ans avant le reste de l'Europe, ne pouvait laisser échapper cette occasion unique de s'ouvrir de nouveaux débouchés pour ses jeunes manufactures. Au moment décisif, elle se devait d'entraver toute aide effective à la métropole contre les insurgents. La sympathie anglaise fut une sympathie agissante : armes et capitaux ne manquèrent pas, grâce à elle, aux Créoles révoltés. Plus timide d'abord, mais décisive au moment critique (1823), l'aide de la jeune République nord-américaine qui sortait renforcée de la crise de la seconde guerre de l'Indépendance (1812-1814).

À l'intérieur même du pays, le vent tourna au détriment de l'Espagne. Il eut fallu beaucoup de tact au gouvernement de Ferdinand VII pour ramener un peu de calme dans les esprits, beaucoup plus qu'il n'en était capable. Les massacres, qui accompagnèrent partout le triomphe des royalistes (7 000 insurgés furent mis à mort à Santa Fe de Bogota, 1 000 à Caracas…), laissèrent un souvenir ineffaçable. Incomplètement maître de ses troupes, à des milliers et des milliers de lieues de distance, le Gouvernement espagnol ne fut que partiellement responsable de ces horreurs. La guerre d'Indépendance, pour opposer colonies révoltées à métropole, n'en fut pas moins une guerre civile ; elle en eut la férocité, deux fractions de l'élite blanche s'y heurtèrent ; parfois luttes de classes, parfois luttes de races. Mais le gouvernement de Ferdinand VII n'en porta pas moins aux yeux des insurgés comme aux yeux du monde toute la responsabilité des atrocités commises par ses troupes. Plus grave encore, aux exécutions sommaires du début, firent place bientôt les vengeances de la victoire : déportations, confiscations de biens, assouvissement légal de vieilles rancunes longtemps recuites… toute une atmosphère irrespirable qui devait contraindre les vaincus à reprendre les armes.

Aux alentours de 1817, la lutte se rallume partout.

Les conditions qui ont permis d'abord le triomphe espagnol finissent à la longue par se retourner contre les Espagnols. Le morcellement et l'immensité du pays, s'ils rendent difficile, sinon impossible la cohésion des insurgents, rendent vain, par la même occasion, l'espoir d'en finir avec l'adversaire dans une bataille rangée. Hydre à mille têtes, feu qui rampe dans l'herbe, la révolte vaincue en dix endroits, renaît en vingt autres… La guerre est ici pour les troupes régulières des Européens un vrai tissu de Pénélope : guerre que l'on mène contre un adversaire parfaitement averti du terrain, qui fait corps finalement avec le paysage où elle se déroule. Il connaît les embûches d'une nature inhumaine, qui a causé de part et d'autre, mais plus du côté espagnol que du côté créole, des pertes infiniment supérieures à celles des combats. Quand, avec le temps, les insurgés réussissent à se constituer des embryons de marines corsaires, l'adversaire, ayant perdu la supériorité des communications maritimes, s'écroule lourdement. Pour les diriger, les insurgés disposent enfin d'une pléiade de chefs, qui ont sur l'Espagnol l'immense supériorité de l'enthousiasme pour la cause qu'ils défendent.

Simón Bolívar, le libérateur du Venezuela et de la Nouvelle-Grenade, l'ancienne vice-royauté de Terre-Ferme, mûri dans l'exil, instruit par l'événement, est prêt à tirer profit au maximum de la situation nouvelle. Sa tête mise à prix, il débarque avec une petite armée, transportée sur une flotte, dont les équipages sont en grande partie anglais (1er janvier 1817). Six mois plus tard, il prend par surprise l'île d'Angostura, à l'embouchure de l'Orénoque, il la transforme en un camp retranché. À la fin de janvier 1818, il est maître de la plus grande partie de la vallée de l'Orénoque. En face de lui, le terrible Morillo, qui a écrasé toute résistance en Nouvelle-Grenade et au Venezuela et s'est déshonoré par une répression particulièrement sanglante. Mais Morillo est un bon capitaine, et la situation de Bolívar est tragique au cours de l'année 1818. Toutefois, Bolívar réussit à enrôler par l'attrait de fortes payes 6 000 Anglais et Irlandais, anciens combattants de la lutte contre Napoléon. La plus grande partie de sa fortune y passa. Il réussit même, tour de force pour un Créole de la côte, à attirer dans son camp une partie des *Llaneros*. Avec cette armée disparate, il s'empare de la Nouvelle-Grenade. À la fin de juin et au début de juillet 1819, à la tête de 2 000 Indiens et 500 Anglais, Bolívar se jette par surprise à travers les Andes, et au cours d'un raid qui laisse loin derrière lui tous les exploits des Hannibal, il pénètre dans la vallée du Magdalena, où des sympathies actives l'attendent. Les États-Unis de Colombie voient le jour ; le 17 décembre 1819, la Constitution est votée, Bolívar est fait président et dictateur militaire. En 1820, la révolution libérale en Espagne paralyse l'adversaire ; en 1821, le rappel de Morillo facilite le succès créole en Venezuela. Vainqueur sur les bords de la baie de Maracaibo, le « Père de la Patrie » se rend maître de Carthagène, la vieille cité martyre à la cause de l'Indépendance, puis de Caracas (29 juin 1821). Le 30 août 1821, la troisième République vénézuélienne est née. L'Assemblée constituante qui se réunit à Cucuta donne au pays une constitution radicalement démocratique qui supprime non seulement l'Inquisition, mais aussi, et contrairement aux avis de Bolívar, la présidence à vie et la dictature militaire. Le 3 octobre 1821, ulcéré, Bolívar accepte quand même la présidence du nouvel État, mais pour s'en aller aussitôt vers le sud où l'appellent de nouvelles aventures.

Tout au sud, à l'autre extrémité des Andes, surgit un autre *conquistador* de l'Indépendance, créole lui aussi, San Martin. José de San Martin y Matorras, né en 1778, avait reçu en Argentine et en Espagne, l'éducation que sa fortune lui permettait. De 1789 à 1811, il avait acquis en Europe au service de l'Espagne, l'expérience militaire. En 1812, il rejoignait sa patrie ; en septembre 1814, nommé par la *Junta*, il remplaçait Belgrano à la tête de l'armée, réorganisant les milices disparates de son pays sur un type européen. San Martin fut le meilleur stratège de l'Indépendance ; il comprit que le centre de la résistance espagnole se situait au Pérou : c'était au cœur des Andes qu'il fallait frapper l'Empire andin de l'Espagne.

Mais pendant ce temps, l'Argentine se cherche : partisans de la Monarchie et partisans de la République s'opposent. Les prétentions de Buenos Aires se heurtent à la résistance du reste du pays. Cependant, l'union se fait au Congrès de Tucuman, en mars 1816. Le 9 juillet 1816, une déclaration formelle d'indépendance tranche le nœud gordien, et pour cimenter l'unité récemment acquise, l'Argentine, derrière San Martin, s'élance au secours du Chili, puis marche au-devant de Bolívar, à travers les Andes du Pérou.

À la fin de 1816, San Martin, avec une armée de 3 000 fantassins, 1 200 cavaliers, 250 pièces d'artillerie, une des plus fortes des guerres de l'Indépendance, se jette à travers les Andes, dans une épopée qui dépasse en grandeur celles de Bolívar. Au prix de difficultés inouïes, il franchit la passe d'Uspallata, à 4 200 m d'altitude. En 1817, le Chili est délivré. Héros à la Plutarque, avec un désintéressement que Bolívar n'a jamais eu, il décline l'offre de la présidence de la République.

Il reste encore à Bolívar et à San Martin à faire sauter le formidable bastion du Pérou, centre de gravité pendant trois siècles, de l'Empire espagnol, où les Espagnols retranchés dans la forteresse naturelle que constituent ces plateaux miniers situés à 3 et 4 000 m d'altitude, entre des chaînes de 6 à 7 000 m, menacent par leur seule présence l'indépendance précaire des anciennes vice-royautés de Terre-Ferme et de La Plata ; la menace indienne rend l'élite créole péruvienne réticente à l'idée de la révolte. Seule une action combinée peut en venir à bout, malgré leurs divisions et leur éloignement, les insurgés réussissent à la mettre sur pied.

Mais entre le Pérou et le Chili, définitivement conquis à l'indépendance par la victoire de Maipú (avril 1818) s'étend le désert d'Atacama. San Martin n'aurait jamais réussi à atteindre le Pérou sans l'aide de Lord Cochrane. Ce grand seigneur aventurier, qui vient mettre au service de l'Indépendance américaine son habileté de marin, est le plus attachant des corsaires de l'Indépendance. Boucaniers et héros, il en vient de partout au service des jeunes Républiques ; appât du gain, idéal, goût de l'aventure fournissent en marins et en navires les flottes des nouveaux États. Les insurgents, grâce à l'indulgence de l'Angleterre, réussissent ainsi à surclasser sur mer l'adversaire espagnol. Ce n'est pas la moindre cause du renversement de la victoire. Grâce à la flotte de Cochrane, San Martin pénètre au Pérou ; le vice-roi doit quitter Lima. L'Indépendance est proclamée (1821).

La résistance espagnole s'organise dans les montagnes. Au même moment, Bolívar progresse vers le sud : en 1821, il a incorporé l'Équateur à la Grande-Colombie. Une entrevue mémorable a lieu, le 26 et le 27 juillet 1822, entre les deux héros de l'Indépendance. San Martin, découragé par les suspicions qui l'accablent, se retire et laisse à Bolívar le soin d'achever ce qu'il a commencé. Il s'en va finir sa vie en Europe et meurt inconnu en 1850. Les Espagnols se ressaisissent. Lima est réoccupée, mais en 1824, par la victoire d'Ayacucho (9 décembre), le lieutenant de Bolívar, Antonio José Sucre, écrase définitivement la résistance espagnole. Le 18 janvier 1826, la garnison de Callao qui résistait encore se rend à son tour. À l'exception de Cuba et de Puerto Rico, l'Amérique espagnole est libre.

En effet, à cette époque, l'indépendance de la Nouvelle-Espagne est également un fait accompli. Le général Iturbide avait écrasé la révolte de Morelos avec l'aide du haut clergé et d'une partie de l'aristocratie inquiète des tendances démocratiques de l'insurrection. Iturbide était un ambitieux. Lorsqu'en 1820, la nouvelle de la Révolution libérale en Espagne parvint au Mexique, il comprit le parti qu'il pouvait en tirer, et avec l'appui plus ou moins déguisé de ses alliés de la veille, le haut clergé et l'aristocratie, alarmés cette fois par les nouvelles tendances du gouvernement espagnol, il se fit proclamer empereur du Mexique le 18 mai 1822, sous le nom d'Augustin Ier. Il fut solennellement couronné dans la cathédrale de Mexico. Mais il se querella bientôt avec l'Assemblée qu'il avait créée ; sa violence fut impuissante à mater la révolte ; le 19 mars 1823, on le contraignit d'abdiquer ; après une tentative pour reprendre le pouvoir, il devait être fusillé le 18 juillet 1824.

Le Mexique s'organisa sous la forme d'une République fédérale, à l'instar des États-Unis. De 1821 à 1824, l'ancienne *audiencia* de Guatemala se libéra et forma une République fédérale sur le même modèle que le Mexique.

Au cours des dix années d'une guerre acharnée, faite d'alternatives de succès et de revers, les différents fragments des Indes de Castille ont conquis leur indépendance, mais au prix de combien de ruines, au prix d'une unité qui faisait l'orgueil de l'Espagne. Tout autre est l'indépendance du Brésil : comme un fruit mûr, il se sépare de la Métropole, sans haine et sans éclat.

III – L'INDÉPENDANCE DU BRÉSIL

Le 25 janvier 1808, chassé du Portugal par l'armée de Junot, le régent Dom João, qui gouverne au nom de la reine Marie la Folle, arrive avec sa cour dans le port de Bahia.

Les ports brésiliens s'ouvrent aux navires et au commerce étrangers. En 1810, un traité de commerce est signé avec l'Angleterre. Installé à Rio de Janeiro, le gouvernement éclairé du régent donne au pays quelques-uns des organes d'un grand État moderne.

La défaite napoléonienne ne change rien d'abord à la situation. Le Brésil garde son autonomie au sein du « royaume-uni de Portugal, du Brésil et des Algarves » (20 mars 1816). Devenu roi par la mort de Marie, le 20 mars 1810, João VI séjourne au Brésil jusqu'en 1820, quand la Révolution portugaise de 1820, écho de la Révolution espagnole, le rappelle en Europe ; il laisse la régence à son fils cadet Dom Pedro. Mais les *Cortès* portugais prétendent rétablir sur l'ancienne colonie une autorité désuète. Ils déchaînent la crise. Le 9 janvier 1822, Dom Pedro doit s'engager à ne jamais quitter le pays, il se rapproche, pour éviter le pire, avec l'approbation tacite de son père, des éléments monarchistes brésiliens qui veulent l'indépendance sans la République. L'indépendance est proclamée le 7 septembre 1822. Le 12 octobre, Dom Pedro devient empereur constitutionnel du Brésil. Les dernières garnisons portugaises sont chassées l'année suivante, par les bons soins de Lord Cochrane. En août 1825, sur les instances comminatoires de l'Angleterre, le Portugal doit se résigner à reconnaître le fait accompli.

IV – LA RECONNAISSANCE DIPLOMATIQUE DES JEUNES RÉPUBLIQUES

La déclaration de Monroe. – L'Amérique latine était libre. Les reconnaissances diplomatiques officielles ne firent guère qu'entériner le fait accompli. L'Espagne depuis 1815 cherchait à obtenir l'aide de l'Europe pour mater la révolte de ses colonies. Mais l'Angleterre de Canning était trop consciente de son intérêt, pour laisser les puissances européennes intervenir dans un domaine qu'elle considérait comme une chasse gardée pour son commerce. La jeune République nord-américaine, de son côté, bénéficiait, au même titre que l'Angleterre, de l'effondrement du Pacte colonial. Une intervention combinée des membres de la Sainte-Alliance eût été pour elle l'équivalent d'un arrêt de mort. En 1819, elle recevait officiellement le représentant de la Colombie, Manuel Torres, que lui dépêchait Bolívar pour obtenir emprunts, armement et la reconnaissance de la nouvelle République. En 1822, dans une entrevue symbolique entre Monroe et Torres (14 juin 1822), les États-Unis reconnaissaient officiellement la Grande-Colombie. Le 12 décembre, ce fut le tour du Mexique. Au cours des années qui vinrent, la représentation diplomatique des États-Unis en Amérique latine fut mise en place.

Les États-Unis avaient ouvert une voie qui fut bientôt suivie par l'Angleterre et par toutes les puissances européennes. L'Espagne elle-même et le Saint-Siège finirent par se résigner. En 1823, quand la France, exécutant au nom de l'Europe les décisions du Congrès de Vérone, rétablissait sur le trône d'Espagne le pouvoir absolu de Ferdinand VII, on pouvait se demander si la reconquête n'allait pas s'étendre à toute l'Amérique. Le gouvernement de Washington que menaçaient au même moment les prétentions russes sur la côte du Pacifique se fit l'écho de l'angoisse qui étreignait l'Amérique. Un moment l'on songea à un rapprochement entre les États-Unis et la Grande-Bretagne, en vue d'une déclaration commune. Le projet n'eut pas de suite, mais l'Angleterre fit savoir, seule, qu'elle ne tolérerait pas une intervention en Amérique : elle avait le moyen de la faire échouer : sa flotte.

La déclaration de Monroe ne fut donc qu'un grand coup d'épée dans l'eau. Dans un message adressé au Sénat le 2 décembre 1823, Monroe définissait les grands principes de la politique américaine : les États-Unis s'opposeraient à toute intervention européenne dans les Affaires d'Amérique. Coup d'épée dans l'eau en 1823, la célèbre déclaration n'en fut pas moins, pour plus d'un siècle, le thème de la politique des États-Unis. Elle définit, à l'égard de l'Amérique latine, la solidarité interaméricaine. Accueillie sans enthousiasme par celle-ci, elle apparut bientôt comme une garantie d'indépendance à l'égard de l'Europe, mais il est vrai, à l'égard de l'Europe seulement...

Chapitre III

Panama. L'échec de Bolívar, le triomphe du morcellement

Peu de temps après la déclaration de Monroe, le congrès de Panama, qui se tint dans l'isthme, en 1826, sur l'initiative de Bolívar, fut une tentative beaucoup plus sérieuse pour mettre sur pied une solidarité interaméricaine. Les guerres de l'Indépendance avaient provoqué l'éclatement des Indes de Castille et donné naissance à plusieurs républiques. Bolívar qui gouvernait un grand nombre de ces États : Venezuela, Colombie, Pérou, Bolivie, tenta de réaliser l'unité de l'Amérique républicaine, en face de l'Europe monarchique toujours menaçante. Tous les États américains furent convoqués à la conférence par les soins de la diplomatie du libérateur. Mais l'hostilité déclarée de l'Angleterre qui ne tenait pas à voir se constituer, sous la forme d'une grande unité politique, une puissance susceptible de lui imposer dans ses relations commerciales des conditions d'égal à égal, la méfiance des États-Unis qui refusèrent d'accorder tout pouvoir à leurs délégués (ils arrivèrent après la clôture de la session), enfin et surtout, les divisions internes du monde américano-latin où la géographie faisait valoir des exigences trop longtemps comprimées, l'anarchie dans laquelle se débattaient les États nouvellement créés, leur défiance mutuelle entretenue par la diplomatie anglaise (ni les Provinces-Unies du Rio de La Plata, ni le Chili, ni le Brésil ne se firent représenter) étaient autant de raisons d'échec pour une tentative qui ne venait pas à son heure.

L'heure de l'Amérique latine était au morcellement : seul le Brésil réussit à sauvegarder l'unité de son passé colonial. Après Panama, la Grande-Colombie explose ; en 1839, les Provinces-Unies d'Amérique centrale se brisent. Après la création de Panama (1903), 19 États occupent le territoire de l'Amérique espagnole.

TROISIÈME PARTIE

L'Amérique latine libre (?) de la colonisation ibérique à la colonisation yankee

L'Amérique latine a acquis son indépendance au prix de son unité. Une ère de morcellement, de chaos et d'anarchie s'ouvre pour le continent. Libérée du régime colonial, l'Amérique latine va connaître d'autres colonisations, sans drapeau. Péniblement, elle s'efforce de se dégager des emprises qui pèsent sur elle, emprise de l'Europe, en recul, emprise de l'Amérique anglo-saxonne, en progrès.

Entre les deux Amériques, les contrastes s'accentuent au cours de cette période. Impuissance à atteindre un équilibre politique quelconque, retard économique, retard démographique[1] de l'Amérique latine, tandis que la première puissance du monde s'édifie au nord du Rio Grande. Entre ces deux faits, le lien est évident : l'instabilité politique, cause du retard économique, explication classique ; explication limitée. Il y a moins, entre les phénomènes, des liens de cause à effet que des interactions, mais s'il fallait à tout prix trancher le dilemme, nous préférerions, quant à nous, comme Max S. Hudman et Preston E. James, répondre : instabilité politique de l'Amérique latine, conséquence de son retard économique. Le retard économique de l'Amérique latine est bien l'aspect d'un stade dans son évolution historique, qu'elle a déjà en partie dépassé et qui repose sur tout un complexe fait du passé et de données géographiques.

Les *conquistadores* ont marqué pour des siècles l'histoire de leur conquête. L'Amérique latine est restée le pays que l'on n'exploite pas mais que l'on pille. L'histoire du Brésil colonial et de son économie des cycles est

1. La population des États-Unis passe de 2 500 000 habitants lors de l'Indépendance à 105 000 000 d'habitants en 1920. L'Amérique latine, beaucoup plus vaste, perd l'avance qu'elle avait à l'origine : de 20 000 000 d'habitants, sa population passe à 94 000 000 dans le même laps de temps. Mais depuis 1920, le rythme de croissance humaine de l'Amérique latine dépasse celui de l'Amérique anglo-saxonne. En 1960, États-Unis et Canada totalisent 195 millions d'âmes, l'Amérique latine, 215 millions, en 1970, respectivement 226 et 290.

symptomatique, à cet égard : quand un sol s'épuise, on va plus au sud ou plus à l'ouest, laissant derrière soi un pays dévasté, incapable de rendre au sol ce qu'on lui a pris. Pays des El Dorado, l'Amérique latine n'a jamais été qu'une immense carrière, elle l'est toujours. Le Brésil contemporain, à l'exception de l'État de São Paulo ou de quelques fragments du Sud colonisés par la grande poussée européenne de la seconde moitié du XIXe siècle, reste encore en 1948, sur les 9/10 d'un territoire plus grand que l'Europe, le pays de l'agriculture du feu, de l'agriculture à la houe où la charrue est un instrument de luxe : mépris des ressources naturelles, mépris aussi de la main-d'œuvre trop bon marché pour qu'on songe à la ménager. Le passé d'une société où l'esclavage n'a été aboli qu'en 1888[1] a créé une mentalité qui n'est pas encore effacée.

Au milieu du XIXe siècle, à l'heure de la révolution industrielle, l'Amérique latine, gênée par son passé et par les conditions géographiques du continent, n'était pas armée pour saisir l'occasion. Comme la cigale de la fable, l'aristocratie sud-américaine qui avait gaspillé ses revenus au jour le jour, au gré de ses désirs de luxe, se trouva fort dépourvue de capitaux quand l'ère des grandes transformations techniques fut venue. Mal servie par son histoire et la configuration du pays, quand il fallut réunir entre eux par la voie ferrée les noyaux humains que le passé colonial avait semés à travers tout un Continent, l'Amérique latine eut à résoudre des problèmes techniques presque insolubles. À l'heure actuelle, pour plus de 21 000 000 de km^2 l'Amérique latine ne compte en gros que 90 000 km de voies ferrées de tout écartement, tandis que les États-Unis, avec 7 800 000 km^2 seulement, en ont plus de 500 000. Enfin, disgrâce majeure, cette vaste carrière aux ressources immenses, à l'heure décisive du XIXe siècle, manqua

1. Au Brésil, on comptait encore en 1850, 3 120 000 esclaves noirs sur une population totale de 7 100 000 habitants.

presque totalement de la houille, mesure de toute puissance économique : entrave à son développement ultérieur qui durera aussi longtemps que le règne maintenant menacé du roi charbon.

Chaos économique et chaos politique sont si bien les deux aspects d'une même chose que nous les trouvons toujours associés l'un à l'autre. Luttes intérieures et guerres interaméricaines caractérisent les années qui suivent l'Indépendance. Les États ibéro-américains sont sortis successivement de ce stade d'anarchie. Les premiers qui ont connu un régime constitutionnel normal sont précisément ceux qui ont bénéficié les premiers d'une économie prospère : Brésil, Chili, Argentine. Au milieu du XIXe siècle, les convulsions de l'Indépendance commencent à se calmer, les révolutions s'espacent, dans l'ensemble, et pourtant les petites républiques de l'Amérique centrale ne connaissent pas encore la paix intérieure. Seule la grande ère de prospérité de 1918 à 1929 est marquée par un calme relatif. Il serait fastidieux de dérouler les 1 000 arcanes d'une politique intérieure complexe, nous nous contenterons d'en dégager quelques aspects saillants.

Dépourvues de capitaux, incapables de mettre de l'ordre dans leur maison, les républiques ibéro-américaines ont été, jusqu'à ce jour, une proie tentante pour les grandes puissances économiques de l'heure.

Quand, aux alentours des années 1950 et 1960, le moment de la révolution industrielle est venu, l'Amérique latine tout entière a glissé dans l'orbite économique de l'Europe. L'afflux des colons vers l'Argentine et le sud du Brésil a modifié profondément la composition ethnique de ces pays. Colonie financière de l'Europe, l'Amérique latine a été irriguée par les capitaux venus des grandes puissances industrielles, l'Angleterre, surtout, la France, l'Allemagne, mais non sans contrepartie… Débarrassée de la domination coloniale ibérique, l'Amérique latine passe, en quelque sorte, sous la domination collective de l'Europe.

Mais l'ombre puissante d'un troisième larron se profile et s'étend de plus en plus sur la carte de l'Amérique latine, les États-Unis. Favorisée par la nature de son sol et de son sous-sol, et grâce à la prodigieuse activité de son peuple, la grande République américaine est à même de satisfaire ses appétits vers le sud, après l'achèvement dans le courant du XIXe siècle de la colonisation de son territoire. Les grandes catastrophes de la Première et de la Seconde Guerre mondiale renforcent sur le continent américain tout entier, en affaiblissant l'Europe, la position désormais prépondérante des États-Unis.

Telles sont, dans leurs grandes lignes, cent vingt années d'histoire.

Chapitre I

Les difficultés politiques intérieures

Aux difficultés politiques intérieures préside une mentalité apolitique propre au tempérament latin, aggravée par les structures sociales héritées de la période coloniale et par le passif des vingt années de luttes de l'Indépendance.

Rien ne serait plus décevant que d'étudier les innombrables constitutions qui se sont succédé, dans les différents États de l'Amérique latine ; rien de plus trompeur, puisqu'on y lirait les mêmes déclarations des droits plus ou moins copiées du modèle jeffersonien ou du modèle français, les mêmes descriptions de systèmes politiques, avec les attributs traditionnels, séparation des pouvoirs, pouvoir législatif confié à une ou deux chambres, pouvoir exécutif fort, suivant l'exemple américain, garantie de l'indépendance judiciaire, corps électoral très large, suffrage universel presque partout, tout cet appareil masque la vérité, car au pays de la *virtù,* notion latine, les hommes comptent plus que les institutions. Pays des personnalités fortes, l'Amérique latine l'a toujours été : c'est le pays des Cortès et des Pizarro, des Bolívar et des San Martin, c'est aussi celui des Rosas et des Porfirio Diaz.

En outre, les garanties constitutionnelles ne trouvent pas un fondement solide dans les structures sociales qui sont restées telles que les avait livrées le passé colonial : la révolution politique ne les a pas modifiées. Comme par le passé, entre l'aristocratie foncière héritière de la conquête, et la masse illettrée des métis et des Indiens, l'hiatus d'une classe moyenne persiste.

Pendant longtemps, le pouvoir oscille entre le *caudillo,* mandataire de l'aristocratie foncière et du haut clergé, et le *caudillo* démagogue qui secoue un moment les masses amorphes, boulets des États, vite dressées, plus vite retombées dans leur apathie coutumière. Incapacité politique, des masses indiennes, s'entend, asservies encore aujourd'hui par les liens d'un péonage qui ne s'avoue pas, mais aussi, dans une moindre mesure, de l'aristocratie que le Gouvernement autoritaire de l'Espagne coloniale n'a pas préparée à ses nouvelles responsabilités politiques. Pendant vingt ans, les guerres de l'Indépendance, en accumulant les ruines matérielles et en lâchant la bride aux individualismes, n'ont fait qu'aggraver cet état de choses.

Ainsi s'expliquent les difficultés intérieures : pour les différents États, une ère d'anarchie et de dictature alternée précède toujours, pendant une période plus ou moins longue, l'avènement d'un régime constitutionnel. Trois pays sont favorisés : le Brésil, le Chili et l'Argentine, tous trois en partie dans la zone tempérée.

Le Brésil est une sorte d'oasis dans ce monde troublé, peut-être parce qu'il n'a pas connu la crise de l'Indépendance, peut-être parce qu'il a joui, jusqu'en 1889, d'un régime monarchique qui, malgré ses faiblesses, le mettait à l'abri de plus graves convulsions politiques. Dom Pedro fut couronné, le 1er décembre 1822, empereur constitutionnel du Brésil. Son règne fut rempli par la lutte entre les prétentions absolutistes du souverain et les aspirations libérales d'une élite. En 1831, une émeute contraignit Dom Pedro à abdiquer.

La régence (1831-1840) qui dura jusqu'à la majorité de Pedro II fut une période troublée. Pedro II que Victor Hugo appelait généreusement « Petit-fils de Marc-Aurèle » n'était pas dépourvu de qualités politiques : cultivé, intelligent, soucieux de ses devoirs, défiant à l'égard de l'Église catholique, il s'appuyait suivant les événements sur l'un des deux partis, libéral et conservateur, qui cristallisaient au Brésil comme dans toute l'Amérique latine, les deux grandes tendances de l'opinion. Mais la monarchie devait succomber finalement pour avoir voulu résoudre dans le sens de l'abolition le problème de l'esclavage.

En 1869, le parti libéral se ralliait à l'abolitionnisme. En 1871, il faisait voter une loi qui, en affranchissant automatiquement tout enfant né d'une mère esclave, entraînait l'extinction, à brève échéance, de l'esclavage coupé déjà de sa source africaine. Les propriétaires d'esclaves vouèrent une haine mortelle à un régime qu'ils rendaient responsable de leur ruine. Quelques mesures maladroites aliénèrent le haut clergé catholique. Pendant un séjour de l'empereur en Europe, le gouvernement de la régente Isabelle fit passer la loi du 13 mai 1888, qui abolissait l'esclavage et libérait d'un seul coup les 700 000 esclaves qui restaient dans l'Empire. Cette mesure devait coûter la vie au régime, renversé en 1889 par un pronunciamiento que soutenaient en sous-main les propriétaires d'esclaves ruinés.

L'expulsion de la famille de Bragance ouvrit pour quatre ans une ère de difficultés, jusqu'à l'avènement au pouvoir de Morães e Barros. La crise politique de 1924 ne troubla pas sensiblement le pays, qui connut de 1890 à 1929 un magnifique essor ; la Première Guerre mondiale ne l'entrava pas, bien au contraire. La crise de 1929, en revanche, et la grande dépression des années 1930, qui frappa tout particulièrement la monoculture nationale, le café, posèrent au Brésil des problèmes que nous retrouverons dans toute l'Amérique latine. La paralysie économique, la crainte du communisme amenèrent par réaction la poussée de l'*Accão Integralista Brazileira,* d'inspiration fasciste. Le président Vargas mata les deux oppositions (1937), son administration énergique et ferme amène le Brésil dans le rang des Nations unies et dans le camp des vainqueurs. Ilot de paix intérieure qu'explique en grande partie sa prospérité, le Brésil fait bande à part pour n'avoir pas connu les convulsions des premières années de l'Indépendance.

Aucune République hispano-américaine ne fait exception, en revanche, à cette règle que nous posions, tout à l'heure : le passage, au sortir de l'Indépendance, par une période d'anarchies et de dictatures alternées.

Le Chili, le premier, dès 1833 sortit du chaos et atteignit une ère de développement politique normal, après une période de luttes civiles extrêmement violentes, où s'affrontèrent les deux partis, conservateurs *(pelucones)* et libéraux *(pipiolos)*. La Constitution de 1833, qui servit de base à la vie politique du pays jusqu'en 1925, devait ouvrir dans l'histoire du Chili une ère de stabilité, marquée sur le plan national par la conquête du Sud sur les Araucans et la guerre victorieuse du Pacifique (1879-1883).

L'Argentine ne dépassa l'ère des convulsions politiques qu'après cinquante ans de crise. Tout contribuait à rendre les débuts de la grande République particulièrement pénibles : le morcellement de la vice-royauté de La Plata en quatre États : Argentine, Uruguay, Paraguay, Bolivie et les contestations frontalières qui devaient en résulter ; l'opposition où se heurtaient les prétentions rivales de Buenos Aires et des provinces ; l'esprit d'indépendance d'une population en grande partie originaire de la Navarre, de l'Aragon et des Pays basques. Symbolisant les prétentions contraires de Buenos Aires et des provinces de l'intérieur, centralisme, fédéralisme s'opposèrent par les armes. Leurs victoires et leurs défaites furent celles des armées des *caudillos* qui se paraient de leurs drapeaux pour les besoins de leur propre cause.

Les chefs se succédaient rapidement à la tête de la République, mais en décembre 1829, une coalition de grands propriétaires et de marchands portait Rosas au poste de gouverneur de la province de Buenos Aires. Pendant vingt ans, Rosas gouverna la province de Buenos Aires, essayant vainement d'étendre sa domination à l'ensemble du pays. Pendant vingt ans, tous les efforts déployés pour lui arracher le pouvoir restèrent vains. Énergique et intelligent, mais transportant dans les fonctions de chef d'État la rudesse de la vie de *gaucho* qu'il avait menée, Rosas devait finalement succomber sous les coups d'une coalition hétéroclite appuyée par le Brésil.

1852. Treize provinces donnaient à Urquiza, le vainqueur de Rosas, le titre de « directeur provisoire de la Confédération argentine », mais Buenos Aires dépitée refusait son adhésion à la Confédération. En 1862, l'État argentin refaisait son unité, Buenos Aires reprenait son rang de capitale ; l'Argentine était enfin sortie du chaos politique.

Pour la Pampa, l'ère de la grande prospérité commençait. La réserve de cuir de l'époque coloniale se transformait en une immense fabrique de viande et en une grande usine à blé, sous le flot des colons et des capitaux de l'Europe. Prospérité économique, cause ou conséquence de la paix politique ? Dans l'Argentine transformée, l'aristocratie des grands propriétaires fonciers a conservé, malgré les apparences, une grande influence sociale et politique. Aussi fut-ce un grand événement quand le président Hipolito Irrigoyen prit le pouvoir en 1916 à la suite d'une élection faite, vraiment cette fois, au suffrage universel.

Un homme du peuple pour la première fois accédait au pouvoir. Irrigoyen ne réalisa pas, malgré ses grandes qualités, tous les espoirs que ses partisans avaient mis en lui : sa politique sociale fut entravée par les difficultés apportées par la guerre et la dépression des années 1920. Il fit plus en faveur des ouvriers pour qui il obtint une législation sociale assez avancée : limitation du nombre des heures de travail, salaire minimum, arbitrages des conflits industriels parce que les intérêts lésés étaient ceux des capitalistes étrangers, qu'en faveur de la classe des fermiers dans une situation toujours précaire à l'égard des grands propriétaires, héritiers de la conquête. Après 1922, la scission du parti radical paralysa la politique sociale ébauchée par Irrigoyen.

En 1928, Irrigoyen accéda de nouveau à la présidence ; mais ses tendances dictatoriales, ou plutôt la grande dépression, provoquèrent sa chute en mai 1930. En Argentine, la crise fait ses ravages comme dans toute l'Amérique latine. Avec elle arrivent les difficultés politiques. En 1937, le président Ortis met sur pied toute une série de mesures, véritable *new deal* argentin ; varier la production, favoriser l'exportation sont les thèmes de l'heure aidée par la reprise des achats de l'Europe à la veille de la guerre, l'Argentine semble sortir de la crise, quand la Seconde Guerre mondiale et la disparition de son marché européen surviennent et rendent difficiles les années 1940-1945. Les sympathies d'une fraction de l'opinion publique, appuyée par les grands propriétaires, pour les puissances de l'Axe et la méfiance de la grande République latine à l'égard des États-Unis, maintiennent l'Argentine à l'écart du camp allié.

L'Uruguay, longtemps déchiré entre l'Argentine et le Brésil, a souffert jusqu'en 1872, de la rivalité de ses grands voisins et de la lutte souvent violente des *blancos* et des *colorados,* les blancs et les rouges. L'arrivée en masse, après 1870, des colons européens et le développement économique de cette République y ont amené le calme. L'Uruguay avec l'Argentine, le Chili et le Brésil constituent la grande bande de prospérité et de stabilité politique qui prend en écharpe le sud du continent américain.

En dehors de cette zone de prospérité tournée vers l'Europe, il en est tout autrement des Républiques de l'Amérique tropicale, de l'Amérique des plateaux : les Indiens, 90 %, et plus parfois, de la population totale, y constituent un élément d'instabilité politique. L'ancienne population créole, qui n'a pas été renouvelée par l'immigration, a gardé de l'époque coloniale son complexe de supériorité sociale et une inaptitude à promouvoir les intérêts économiques du pays. Le retard économique en est la conséquence ; il explique le prolongement bien au-delà des années 1960 de la période de troubles et de dictatures, qui a déjà pris fin à cette époque dans les républiques de La Plata.

La Bolivie est un exemple de ces républiques indiennes troublées : de 1820 à 1898, depuis l'époque où Bolívar a abandonné le pouvoir, on n'a pas compté moins de 60 soulèvements militaires, dix Constitutions y ont été promulguées, six présidents assassinés. Les termes de conservateurs et de libéraux sans réalité politique et sociale ne désignent guère que des fractions qui aspirent au pouvoir. Coupée du Pacifique depuis sa guerre malheureuse avec le Chili (1879-1883), la Bolivie a payé lourdement les disgrâces d'une économie retardataire. Depuis 1898, le pays est entré dans une ère d'accalmie toute relative.

Très proche, à beaucoup d'égards, l'histoire du Pérou : les révolutions s'y succèdent à une cadence accélérée, elles rythment les règnes des présidents-caudillos ; dans les cinquante ans qui suivent 1821, date de naissance de la République péruvienne, on peut dénombrer avec Rippy : 40 révoltes, 15 Constitutions… La seule année 1834 a vu la grandeur et la décadence de huit chefs du pouvoir exécutif. En 1895, le Pérou entre dans une ère de calme relatif. Malgré la constitution d'un parti démocratique recruté presque exclusivement dans l'aristocratie, malgré les prétentions de certains hommes politiques à la défense de la population indienne, les forces traditionnelles de l'Église catholique et de l'aristocratie foncière restent les grandes forces politiques du pays.

Au paroxysme de la violence, le **Paraguay**, la petite République indienne saignée à blanc par les ambitions picrocholines de son dictateur Lopez, un Napoléon guarani.

L'Équateur, la Colombie et le Venezuela, issus de la Grande-Colombie de Bolívar ont eu aussi une histoire mouvementée.

Depuis 1830, l'Équateur a usé ses 12 constitutions en quatre-vingts ans, le Venezuela, 11, la Colombie 7 seulement, mais elle n'a pas eu moins de 70 révolutions jusqu'en 1903, fort sanglantes parfois, 80 000 morts en 1879, 100 000 de 1899 à 1903, le Venezuela, 52 pendant la même période. La Colombie souffre de son cloisonnement naturel. Les deux axes du pays, les vallées du Cauca et du Magdalena sont séparées par les murailles andines : aucun point de contact entre le plateau de Bogotá, la région de Medellín transformée par l'industrie textile, les ports de Cartagena et de Baranquilla tournés vers l'extérieur. L'alternance au pouvoir des conservateurs et libéraux signifie plus ici qu'une lutte entre factions. Deux noms émergent : ceux des présidents Tomas de Mosquera et Rafaël Nuñez. Le président Mosquera s'est efforcé de donner à son pays un équipement économique, d'améliorer l'éducation populaire ; son hostilité à l'égard des prétentions politiques du haut clergé se marque de 1861 à 1864 et de 1866 à 1867 par l'expulsion des jésuites, des suppressions de couvents, la confiscation des biens d'église, un *Kulturkampf* colombien. L'idéal libéral de Mosquera s'exprime dans les termes d'une nouvelle Constitution qui abolit la peine de mort et assure, fait presque unique en Amérique latine, la liberté des cultes. En face du héros libéral, le héros conservateur Rafaël Nuñez trouve son appui dans le clergé et la classe des grands propriétaires ; il est chef du pouvoir exécutif de 1880 à 1894. Depuis 1903, la vie politique colombienne suit des voies constitutionnelles.

Les petites républiques centre-américaines issues en 1839 du morcellement des Provinces-Unies de l'Amérique centrale : Guatemala, Salvador, Honduras, Nicaragua, Costa Rica, Panama créé par une intrigue yankee pour les besoins du Canal, ne sont pas encore arrivées à ce stade. C'est ici, avec les **républiques antillaises** : Haïti, République dominicaine, Cuba, le domaine de l'instabilité à l'état brut, le domaine aussi des influences nord-américaines.

Influences nord-américaines et vie politique troublée, deux caractéristiques également de l'histoire du **Mexique**. Le plus grand État issu du morcellement de l'Amérique hispanique, réduit de moitié par la perte des possessions excentriques de l'ancienne vice-royauté de Nouvelle-Espagne (1848), n'en reste pas moins une des grandes puissances de l'Amérique latine, avec ses 2 000 000 km^2.

Son histoire troublée est l'expression du grave déséquilibre d'une société plus aristocratique encore que celles des autres républiques ibéro-américaines, où l'élément indien moins passif que celui des Andes, cherche à occuper la place à laquelle lui donne droit son nombre ; situation aggravée par la présence des États-Unis et par l'attrait des richesses minières sur les impérialismes européens et yankee.

Comme dans les autres républiques indiennes, l'Indépendance fut suivie d'une période de violence et d'insécurité, qui dura jusqu'à l'avènement au pouvoir de Porfirio Diaz (1877). Deux fortes personnalités dominèrent cette période, celle des *caudillos* Santa Anna, le Créole, le vaincu du Texas (1836) et de l'Indien Benito Juarez, l'adversaire de Maxi le protégé des États-Unis.

Avec l'accession au pouvoir du plus grand de tous, Porfirio Diaz le métis, s'ouvre pour le Mexique un demi-siècle de prospérité économique (1877-1912) ou plus exactement de pillage : les richesses naturelles du pays sont la proie des capitalistes américains et anglais surtout ; les concessions qu'on leur accorde sont de véritables spoliations ; compagnies anglaises et américaines s'abattent sur les champs pétrolifères mexicains. La concentration des propriétés au détriment des communautés indiennes s'accentue, la plus grande partie du sol du Mexique est aux mains de quelques familles.

Cette politique sociale explique la Révolution de 1912, qui a déchaîné tant de violences que la paix a mis vingt-cinq ans pour revenir sur la terre mexicaine. La Révolution est l'aboutissement d'un mouvement pour l'émancipation de la population indienne et la libération de l'économie des républiques indo-américaines de l'emprise du capital étranger. Parties de l'université de Lima, les idées indianistes ont triomphé au Mexique. Le plan de six ans du président Cardenas élaboré en 1933 s'efforce de réaliser l'indépendance économique du pays : distribution de terres aux paysans, équipement des ressources naturelles et libération de l'hypothèque que la politique de Diaz a fait peser sur elles, lutte contre le clergé catholique considéré comme le meilleur appui des adversaires du régime (l'ère des violences est close toutefois, depuis longtemps déjà), nationalisation des chemins de fer, lutte contre les grandes compagnies pétrolières : le 20 mars 1938, 17 entreprises sont expropriées, représentant un capital de 400 millions de dollars.

Libérer le pays de l'hypothèque étrangère, promouvoir un socialisme national, synthèse mexicaine de données mexicaines, tel est le sens de la révolution du Mexique, l'effort le plus intéressant fait jusqu'à nos jours en Amérique latine, pour résoudre d'une manière originale le problème politique et social.

Les relations interaméricaines. – Mais l'instabilité n'est pas seulement un fait d'histoire intérieure. Elle se double de guerres entre les États issus de l'Indépendance ; frontières mal fixées, intrigues de réfugiés politiques, prétentions mégalomanes de tyranneaux à la Lopez et parfois intérêts extérieurs à l'Amérique latine, telles sont quelques-unes des causes de ces luttes interaméricaines.

Six guerres ont opposé entre eux les États ibéro-américains depuis leur Indépendance. Au cours de la première (1825-1828), les Provinces-Unies de La Plata se sont heurtées au Brésil. Héritage d'une contestation frontalière, dont l'origine remonte à la période coloniale, elle se termine par la création de l'Uruguay, État tampon, mais rebondit plus tard dans un conflit larvé entre Rosas et le parti *blanco* d'Uruguay, allié aux Brésiliens (1843-1852). De 1836 à 1848, une troisième guerre oppose le Chili et l'Argentine au dictateur bolivien Andrès Santa Cruz, initiateur d'une confédération bolivo-péruvienne vouée à l'échec.

Les ambitions du dictateur Lopez, qui rêvait de rééditer à l'échelle sud-américaine les aventures napoléoniennes, ont été à l'origine de la guerre paraguayenne (1865-1870) qui a mis aux prises la petite République guaranis avec tous ses voisins. Les chiffres des recensements de 1863 et de 1871 permettent de mesurer la violence d'une lutte menée avec fanatisme par un peuple fanatisé : 1863, 1 337 489 habitants ; 1871, 221 079 (28 746 hommes, vieillards et invalides, 106 254 femmes, 86 079 enfants). Il fallut autoriser la polygamie pour repeupler le pays.

La guerre du Pacifique entre le Pérou et la Bolivie d'une part, et le Chili, d'autre part (1879 à 1883), s'est terminée par la victoire du Chili, dont l'armée construite sur le modèle européen l'emporta sur celles de l'adversaire. Ses causes furent économiques : la découverte et l'exploitation des dépôts de nitrate, au début du XIXe siècle, donnaient une valeur soudaine au grand désert d'Atacama que se partageaient jusque-là Chili, Bolivie et Pérou. À plusieurs reprises, des arbitrages tentèrent de régler le conflit latent entre Chili et Bolivie (1866-1874), mais pour le Chili la tentation était trop forte. Malgré l'alliance du Pérou, la Bolivie fut vaincue ; le Chili avait reçu l'aide financière des capitalistes européens, mécontents de la politique spoliatrice du Gouvernement péruvien à leur égard. Les traités de 1884 furent très durs pour les vaincus, la Bolivie surtout, qui perdit tout accès à la mer ; le Pérou cédait au Chili la province nitratifère de Taracapa ; le Chili occupait pour dix ans les districts d'Arica et de Tacna ; Arica, au coude de la chaîne des Andes, le débouché naturel de la Bolivie, le débouché des anciennes routes qui servaient jadis d'exutoire aux mines du Potosí, le poumon de la République andine.

Mais on en vint bientôt aux solutions pacifiques. Un traité chilo-bolivien du 20 octobre 1904 accorda à la Bolivie la construction du chemin de fer Arica-La Paz qui fut réalisée grâce à des capitaux anglais, de 1906 à 1913. Tour de force technique, il donna à la Bolivie le débouché naturel de sa production minière à travers un territoire autrefois péruvien. Vivifiée par la construction de la voie ferrée, Arica, qui compte maintenant plus de 29 000 habitants, retrouva en plein désert la prospérité qui avait été la sienne, au temps de son ancienne splendeur, lorsqu'elle servait de débouché à l'argent du Haut-Pérou. La prospérité d'Arica est le gage de la réconciliation des deux républiques andines, de même que le règlement de 1929 a mis fin à un vieux conflit latent.

Le Chili n'avait pas évacué, en 1894, les districts de Tacna et d'Arica, comme il s'était engagé à le faire en 1884. Pendant plus d'un demi-siècle, les relations entre les deux pays en ont été affectées. Ni l'arbitrage de la SDN ni l'arbitrage des États-Unis ne s'étaient montrés opérants ; les deux gouvernements finirent par résoudre le problème par l'accord bilatéral de 1929 : le Chili gardait Arica où il avait investi des capitaux et rendait Tacna au Pérou. Fin heureuse d'un long conflit, voie ouverte pour le règlement de conflits futurs.

Une dernière guerre a ensanglanté l'Amérique latine de 1928 à 1929 et de 1932 à 1935 : Bolivie et Paraguay se disputaient le désert du Chaco où l'on suspectait la présence d'importants gisements pétrolifères ; ce conflit n'a peut-être pas été uniquement interaméricain ; on peut suspecter derrière les protagonistes des intérêts qui ne s'avouaient pas.

Et pourtant, en dépit de ses guerres intestines, il n'est pas un continent qui ait fait plus pour apporter aux conflits internationaux des solutions de droit, qui ait étudié avec autant de passion les questions de droit international. C'est qu'au-delà du morcellement, donnée géographique, les peuples des Indes ont conservé peut-être le regret informulé de l'unité passée, comme jadis les peuples de la « Romania » après l'écroulement de l'unité romaine. L'espoir d'une grande solidarité interaméricaine que Bolívar n'a pu cristalliser sur le plan politique demeure l'idéal que nul n'oserait renier.

Les congrès de Lima de 1847 et de 1864, s'ils n'ont pas réussi à faire régner la paix entre les puissances ibéro-américaines, dont ils réunissaient les délégués autour d'une même table, ont traduit l'aspiration commune vers cet idéal. Idéal qui prenait une forme antiyankee, dans les projets d'un *Zollverein* latino-américain conçus par des juristes comme José F. Gomez et Ricardo Beltrám y Rózpide aux alentours de la guerre hispano-américaine de 1898. Mouvement de solidarité ibéro-américaine encouragé d'Espagne par toute une école d'historiens et d'intellectuels.

Cette notion de solidarité des peuples unis par une même culture n'a-t-elle pas fait beaucoup pour le règlement pacifique des contestations de frontières dont l'histoire de l'Amérique latine est pleine ? Entre le Brésil et tous ses voisins : Venezuela, Colombie, Équateur, Bolivie, Argentine… ; règlement pacifique entre la Colombie et le Pérou, grâce à la médiation brésilienne en 1934… Combien de conflits évités ; un grand espoir d'unité pour l'avenir. Les impérialismes étrangers n'ont pas été aussi sans aider l'Amérique latine à prendre conscience de l'unité de sa culture.

Chapitre II

L'emprise européenne

À l'aube du XIXe siècle, l'Amérique latine a rejeté le joug colonial, mais dans un monde qu'aux alentours des années 1850-1860 la grande révolution technique a singulièrement rétréci, elle se trouve saisie plus que jamais dans les courants qui brassent l'humanité entière, sans égard pour les cloisonnements nationaux. L'heure du monde est à l'Europe, d'où est partie la grande révolution industrielle du siècle, et qui dispose d'un prodigieux surplus d'hommes et de capitaux, libéré par la révolution technique du XIXe siècle. On peut se demander dans quelle mesure l'Amérique latine n'a pas troqué le joug colonial pour une espèce de *trusteeship* collectif des grandes puissances qui mènent le jeu de la révolution industrielle.

I – L'IMMIGRATION EUROPÉENNE[1]

L'Amérique latine a été profondément modifiée dans sa structure humaine. Continent indien et noir jusqu'au milieu du XIXe siècle. Le flot de l'émigration blanche a submergé la zone tempérée de l'Amérique du Sud ; l'Argentine, l'Uruguay et le Brésil ont reçu une masse d'immigrants qui a modifié la nature de leur population.

1. Cf. Walter F. Willcox, *International Migrations,* New York, 2 vol. in-4°, 1929-1931.

Comment s'en étonner ? Depuis 1750-1800, depuis ses premiers signes, la révolution industrielle a créé de la matière humaine dans la péninsule européenne. De 1650 à nos jours, la population de souche européenne a subi un accroissement de 620 %, la population de souche non européenne, de 320 % seulement. Le flot d'émigrants qui a quitté l'Europe depuis 1850 est allé surtout vers les États-Unis (26 180 000 se fixent aux États-Unis de 1820 à 1930) puis vers l'Amérique latine (6 000 000 environ). À la différence des États-Unis, cette émigration est essentiellement originaire des pays latins du Sud de l'Europe, moins de l'Espagne et du Portugal que de l'Italie, qui fournit à tous égards les gros bataillons.

Cette deuxième conquête humaine de l'Amérique latine par l'Europe affecte en gros les pays tempérés : Argentine, Uruguay, Sud du Brésil, et dans une moindre mesure, Chili, la fraction du continent que la conquête ibérique, avide de métaux et de spéculations agricoles, a négligée. Elle est liée au prodigieux accroissement humain de l'Europe, à l'apparition du navire à vapeur qui modifie de fond en comble les conditions de navigation sur l'océan Atlantique, de 1850 à 1870 : traverser l'Océan cesse d'être la grande aventure que seuls tentent les fous et les désespérés, comme en témoignent les « oiseaux migrateurs » siciliens qui font la moisson en Italie, pendant l'été boréal, et dans la Pampa, pendant l'été austral ; à la construction des chemins de fer par les capitaux européens, qui permet la mise en valeur des continents coloniaux. Rythmé à la cadence de la conjoncture économique, gonflé par une crise en Europe, amaigri par une crise sur les rives de La Plata, le flot humain, qui prend sa source avec la révolution du milieu du siècle, atteint des proportions effarantes de 1900 à 1914. En 1910, 1 380 000 émigrants quittent l'Europe, près de la moitié, en direction des pays de La Plata et du Brésil ; puis, quand l'Europe sort exsangue de la Première Guerre mondiale, le flot va s'amaigrissant pour tarir à peu près totalement,

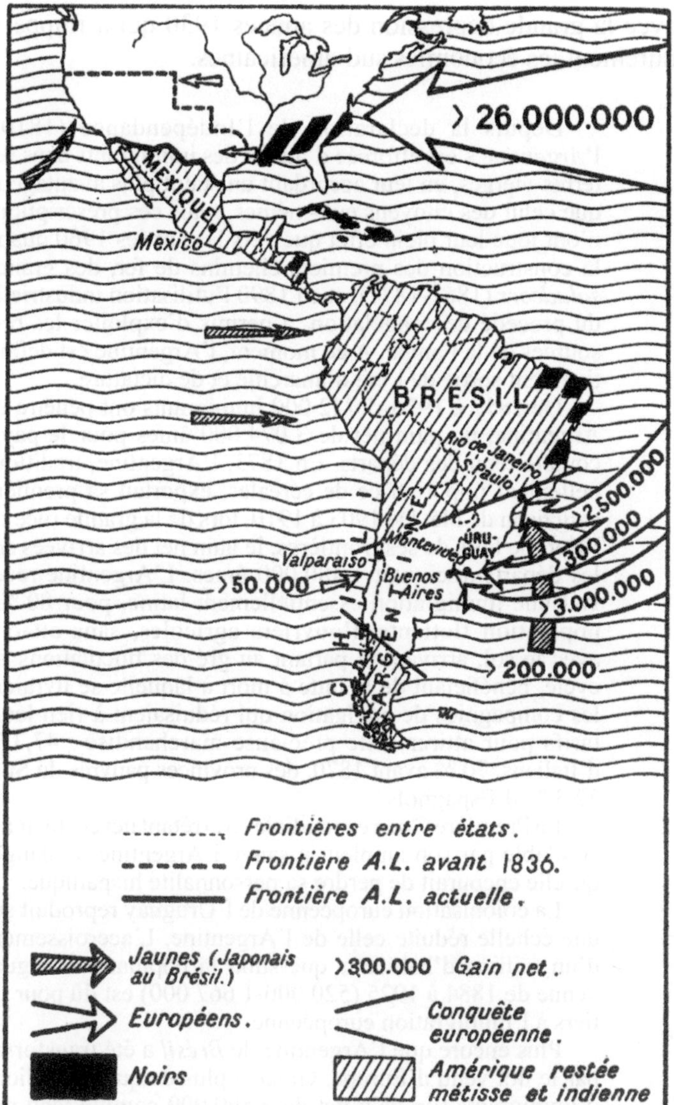

Fig. 5. – La deuxième conquête humaine.

avec la grande dépression des années 1930 qui a frappé si durement les économies sud-américaines.

Depuis la déclaration de l'Indépendance (1810), l'*Argentine* s'est efforcée d'attirer des immigrants dans ses terres vierges, en leur accordant un statut plus avantageux que celui des citoyens eux-mêmes, mais ces prescriptions n'ont joué leur plein effet que vers les années 1960 quand la construction des premiers chemins de fer, des grands *saladeors* (1867-1877), et en 1890 l'utilisation industrielle du procédé de congélation, a permis d'exploiter les ressources de la Pampa. À ce moment, l'Argentine est définitivement sortie de l'ère d'anarchie et de dictature.

De 1857 à 1926, 5 742 000 immigrants ont pénétré en Argentine, un gain net de 3 074 000 âmes pour le pays, compte tenu des départs. En 1873, l'Argentine, traditionnellement importatrice de céréales, exportait sa première cargaison de blé. De 1903 à 1910, lors de la grande ruée de l'Europe hors de ses frontières, le gain net des arrivées sur les départs atteignait 1 480 000 âmes. L'Argentine recevait une immigration essentiellement latine, pour 80 % : population flottante d'ouvriers agricoles, sans attache avec le sol, arrivant et partant au gré des fluctuations du cycle, bénéficiant de la lutte à mort à laquelle se livraient les compagnies de navigation qui réduisaient à rien leurs tarifs pour attirer cette précieuse marchandise : 47,3 % d'Italiens, 70 % avant 1870, des provinces pauvres du Sud, 32,3 % d'Espagnols.

La Première Guerre mondiale en arrêtant net ce flot inassimilable par son ampleur a sauvé l'Argentine du danger qu'elle encourait de perdre sa personnalité hispanique.

La colonisation européenne de l'Uruguay reproduit sur une échelle réduite celle de l'Argentine. L'accroissement d'un million d'habitants que subit la population uruguayenne de 1884 à 1925 (520 000-1 667 000) est dû pour un tiers à l'immigration européenne.

Plus encore que l'Argentine, le *Brésil* a été transformé par le flot venu d'Europe. Grâce à plus de quatre millions d'immigrants (un gain net de 2 500 000 compte tenu des départs), pays noir et indien au début du siècle, le Brésil est en passe de devenir une grande nation blanche. Pour attirer ces hommes, toutes les séductions ont été déployées par les rois du café de São Paulo. Elles n'étaient pas de trop, pour vaincre les répugnances que pouvaient éprouver des Européens à l'égard d'un régime de la propriété hérité de l'ère coloniale, d'une psychologie collective née d'une économie trop longtemps esclavagiste et d'un climat qui même au Sud n'en reste pas moins à la limite des conditions que peut tolérer leur organisme.

Les Italiens avec 1 412 263 arrivées de 1884 à 1934 (34 %) occupaient le premier rang, ils formaient le gros des contingents d'ouvriers agricoles de São Paulo où beaucoup accédaient à la propriété. Les Portugais, 1 204 000, arrivaient bons deuxièmes, les Espagnols, 581 718 (14 %), apportaient un contingent auquel on ne s'attendait pas dans un pays de langue portugaise. Seul l'élément allemand, concentré en noyaux compacts et imperméables dans les États du Sud, constituait un danger pour l'intégrité nationale ; ère définitivement révolue.

L'immigration européenne a modifié profondément les structures du Brésil, par le déplacement vers le sud de son centre de gravité qui, de Bahia, glisse vers São Paulo, par son évolution ethnique. La proportion des Blancs, grâce en grande partie à l'immigration européenne, est passée de 1872 à 1940 de 30 % à 51 %. Gain évident pour l'économie du pays qui lui doit une bonne part de son essor depuis les années 1880 ; sans elle, la prospérité du café eût été impossible.

Beaucoup plus importante que la première par les masses humaines mises en mouvement, la deuxième conquête du continent américain-latin par les peuples européens est beaucoup plus localisée. Sorti de l'Argentine, de l'Uruguay et du Brésil, l'apport humain de l'Europe est beaucoup trop limité pour modifier sensiblement l'équilibre ethnique des pays qu'il affecte. Le Chili a reçu 50 000 immigrants de 1880 à 1916, des Latins surtout, quelques Allemands dans la région de Valdivia et de Llanquihue ; partout ailleurs, l'apport à peu près nul en quantité n'est important que par la qualité : cadres économiques, chefs d'entreprise, ingénieurs, une poignée d'hommes. La petite colonie des

Barcelonnettes du Mexique, qui tenait une bonne partie du commerce de Mexico, vaut-elle aussi plus par la qualité que par le nombre ?

La deuxième conquête humaine par l'Europe de l'Amérique latine reste cantonnée en gros dans la fraction tempérée du continent.

II – UNE ÉCONOMIE COMPLÉMENTAIRE DE L'EUROPE

Elle a contribué à faire de l'Amérique latine tout entière un complément de l'économie européenne. Saisie, comme le reste du monde, dans la grande révolution des temps modernes, l'Amérique latine a été plus agie qu'elle n'a été agent, elle a subi plus d'abord les contrecoups de la révolution industrielle qu'elle ne les a vécus. Aux alentours des années 1850-1860, l'économie qui s'est constituée au sud du Rio Grande est une économie vassale de l'Europe à qui elle fournit les matières premières et les vivres pour recevoir en échange les produits qu'elle est incapable de manufacturer, une économie vivifiée par les capitaux européens.

L'Europe, ruche manufacturière du monde, puisant à pleines mains dans les continents neufs, l'image a été vraie jusqu'en 1914, elle l'est restée encore dans une moindre mesure entre les deux guerres mondiales. C'est le tableau que trace André Siegfried dans son *Amérique latine.* À la veille de la crise de 1929, les données d'avant 14 avaient peu changé, « l'Amérique du Sud » reste « presque nécessairement un continent exportateur de produits bruts. Dans tous les pays, ils constituent pour le moins 80 %, généralement plus de 90 %, parfois la quasi-totalité des exportations, tandis que les articles manufacturés n'entrent, dans les ventes à l'extérieur, que pour un pourcentage à peu près nul ». L'annuaire statistique de la SDN de 1931-1932, utilisé par André Siegfried, nous montre qu'en 1929-1930 les produits bruts représentent 98,8 %, pour la Bolivie, 98 % pour le Brésil, 90 % pour l'Argentine du total des exportations des pays sud-américains. Les exportations sont toujours supérieures en valeur et en poids aux importations, car l'Amérique latine est contrainte de payer un tribut très lourd au capital étranger, européen surtout. Et c'est en direction de l'Europe que se dirigent les matières premières arrachées au sol et au sous-sol de l'Amérique latine, c'est de l'Europe que viennent les produits manufacturés. Les chiffres sont éloquents. Ernest Denis écrit dans son *Amérique du Sud* : « En 1913, la jauge nette de navires chargés ayant assuré le trafic entre l'Amérique du Sud et l'Europe dépassait 22 500 000 t… Le trafic maritime entre l'Amérique du Sud et l'Amérique du Nord était environ cinq fois plus faible (4 400 000 t de navires chargés). »

III – L'AMÉRIQUE LATINE CHAMP D'EXPLOITATION DU CAPITALISME EUROPÉEN

Cette économie complémentaire de l'économie européenne, l'Europe elle-même l'avait organisée en Amérique latine, l'Angleterre surtout. H. Feis[1] évalue le total des investissements britanniques dans le monde en 1913, au moment où Londres était la capitale d'un empire financier infiniment plus vaste encore que l'Empire britannique, à 3 763 300 000 livres sterling (près de 100 milliards de francs-or) ; la part de l'Amérique latine est de 756 000 000 de livres sterling (20 milliards de francs-or), soit près de la moitié des 1 780 millions de livres sterling investis dans l'Empire britannique tout entier.

L'Argentine avec ses chemins de fer, avec ses immenses installations frigorifiques, construits et exploités par des

1. Herbert Feis, *Europe. The World's Banker*, NY, 1930.

compagnies anglaises, était en 1914 une colonie financière de la Grande-Bretagne. Un capital investi depuis le début du XXe siècle. De 1907 à 1914, lors de la grande ruée en dehors de ses frontières du capital britannique, près de 250 millions de livres sterling partirent vers l'Argentine et le Brésil. Les investissements britanniques en Argentine, 319,6 millions de livres sterling, en 1913, étaient de l'ordre des investissements britanniques dans l'Inde et Ceylan à la même époque (378,8). Le Brésil venait en deuxième position avec 148 millions dans les chemins de fer, les mines, les plantations caféières, le Mexique ensuite avec 99 millions dans les mines et les champs de pétrole, que Porfirio Diaz avait distribués pour une bouchée de pain, puis venaient le Chili (61 millions de livres sterling), l'Uruguay (36,1 millions de livres sterling), le Pérou (34,2 millions de livres sterling), Cuba (33,2 millions de livres sterling), les autres pays de l'Amérique du Sud (Bolivie...) totalisaient 25,5 millions de livres sterling. Avec le capital anglais, les hommes d'affaires anglais en colonies infimes, les ressortissants britanniques tenaient les rênes économiques du pays où leurs capitaux dominaient. Partout, les succursales des banques de la Cité dirigent les transactions et les investissements britanniques. Bien conseillé par le réseau de ses banques, le capitaliste anglais dirige presque toujours ses fonds vers des placements de première qualité : peu de rentes d'État, relativement peu d'obligations, des actions dans des entreprises créatrices de richesse, sûres et de gros rapports.

De moindre importance, à tous égards, les investissements français. Parce que la production d'un excédent de capitaux, en France, était de date plus récente et d'envergure moindre, parce que la France était davantage sollicitée par les placements européens : 27,5 milliards de francs-or, en 1914, sur un total de 45 milliards. Et toutefois, sur 17,5 milliards de capitaux français investis hors d'Europe, 6 milliards étaient en Amérique latine. Affinités électives, sans conteste. Investissements plus aventurés dans des placements d'État, les capitaux français sont de qualité moindre, ils n'ont pas contribué, au même titre que les capitaux anglais, à la transformation de l'Amérique latine en une annexe de l'usine européenne.

Beaucoup plus fixé sur place, par une industrie en plein essor, le capital allemand était moins puissant à l'étranger : 23,5 milliards de marks (30 milliards de francs-or environ), 11 milliards hors d'Europe dont 3,8 en Amérique latine, au Brésil, au Chili, en Argentine surtout. Avec 30 milliards de francs-or investis, les grandes puissances de l'Europe occidentale avaient réussi à mettre la main sur l'économie du continent. Ces investissements n'ont pas été sans danger pour l'indépendance des jeunes républiques. Longue et fastidieuse serait l'énumération des innombrables interventions diplomatiques appuyées par des interventions armées, auxquelles la défense des intérêts européens a servi de prétexte.

La défense des intérêts a masqué parfois des ambitions plus vastes, comme le prouve la guerre du Mexique que Napoléon III a entreprise de 1862 à 1866. En 1838 déjà, le recouvrement de dommages et intérêts évalués à trois millions de francs-or que des commerçants français réclamaient pour des pertes subies en 1828, lors d'une des innombrables révolutions mexicaines avait abouti au bombardement de la forteresse de San Juan de Ulloa à La Veracruz par l'escadre française. La France obtenait en 1839, pour ses ressortissants, le versement des trois millions ; du même ordre aussi le conflit qui opposa, de 1845 à 1847, la France et l'Angleterre au dictateur argentin Rosas, malgré le blocus du Río de La Plata, les deux puissances n'obtinrent pas cette fois les réparations demandées. Une demande d'indemnité fut à l'origine aussi de la guerre hispano-péruvienne (1864-1866).

C'est une demande d'indemnité, que nous trouvons aussi à l'origine de la guerre franco-mexicaine, de tout autre envergure pourtant. Juarez venait de triompher de ses adversaires conservateurs en 1861 : refusant de reconnaître les dettes qu'ils avaient contractées en Europe, il attirait sur son pays une intervention collective de l'Angleterre, de l'Espagne et de la France, qui avait pris au nombre de ses revendications, les prétentions suspectes du banquier suisse Jecker. Jecker avait su s'acheter l'appui de Morny. Mais Napoléon III voyait beaucoup plus loin. Il avait conçu tout un plan d'expansion économique au Mexique, plein d'illusions sur les richesses du pays, hanté par l'idée saint-simonienne d'un canal interocéanique, un plan d'expansion politique aussi ; trompé par les conseils de quelques monarchistes mexicains en exil, il rêvait d'un empire mexicain catholique vassal de la France, pour contrebalancer en Amérique, la puissance des États-Unis. En 1862, l'expédition européenne débarqua sur la côte mexicaine. Espagnols et Anglais se retirèrent, les Français restèrent seuls. Napoléon III réalisa son plan, il plaça Maximilien d'Autriche, son client, sur le trône du Mexique, mais la résistance des *guerrilleros* mexicains et l'attitude menaçante des États-Unis qui venaient de sortir de la crise de la guerre de Sécession provoquèrent le retrait de l'expédition française et l'écroulement de l'empire de Maximilien, fusillé en juin 1867.

Pour la dernière fois, une puissance européenne avait pu porter la guerre sur le territoire d'une république ibéro-américaine. Quand l'Angleterre, en 1895, voulut faire prévaloir ses vues territoriales aux dépens du Venezuela, quand l'Allemagne, l'Angleterre et l'Italie voulurent, par un blocus combiné des côtes vénézuéliennes, faire aboutir leurs revendications contre la mauvaise gestion financière du Gouvernement vénézuélien (1902), l'Europe rencontra sur sa route la Grande République nord-américaine. Le heurt des impérialismes européens et yankee a empêché l'Amérique latine de succomber sous les griffes de ces impérialismes rivaux.

Chapitre III

Le troisième larron : l'Oncle Sam

I – LES CONDITIONS AU DÉPART

Les États-Unis voisins de l'Amérique latine peuvent sembler placés par la nature dans une position géographique prédestinée pour exercer leur influence sur les républiques latino-américaines. Les deux Amériques libérées au même moment du joug colonial, ayant connu les mêmes affres de la lutte pour l'Indépendance à vingt ans d'intervalle, ont paru se rapprocher un moment dans les premières décades du XIXe siècle.

Profondément différentes par leur culture, ibérique, catholique d'une part, anglo-saxonne, protestante d'autre part, infiniment plus éloignées qu'il n'apparaît, les deux fractions du continent ont vécu pendant les siècles de leur histoire coloniale, murées dans les tabous du Pacte colonial, dans l'ignorance la plus absolue l'une de l'autre. À l'aurore du XIXe siècle l'ignorance des États-Unis à l'égard de leurs voisins du Sud est totale ; pire, toute une *black legend* glace à l'avance les sympathies, tout un complexe de supériorité, d'ignorance et de mépris.

Mais on a pu croire un moment que l'Indépendance avait brisé la barrière artificielle dressée par le passé colonial entre les deux Amériques, sous l'enthousiasme de l'élite créole pour les idéaux lancés par les Treize colonies, grâce à l'aide non négligeable donnée aux insurgés par leurs voisins du Nord, aux échos trouvés dans quelques milieux sud-américains par la déclaration de Monroe, sans cesse élargie depuis 1823 et qui affirmait en termes non équivoques la solidarité interaméricaine. Quand de 1797 à 1808, le monopole ibérique s'en alla en morceaux, ce furent les États-Unis, placés aux premières loges grâce à leur position de neutres et à leur flotte (la deuxième du monde à l'époque des clippers), qui se taillèrent la première place. En 1808, le volume commercial des États-Unis avec l'Amérique espagnole (30 millions de dollars) surclasse nettement le volume du commerce anglais dans la même direction (25 millions de dollars), il est vrai que, dès 1808, les Anglais avaient su prendre au Brésil une place que pour plus d'un siècle les États-Unis n'ont pu songer à leur ravir.

Mais dès 1822, la conjoncture était renversée au profit de la Grande-Bretagne. Alors que le volume commercial des États-Unis avec les États issus de l'Empire espagnol était tombé à 14 millions de dollars, celui de la Grande-Bretagne s'était élevé, malgré la dépression générale des échanges à 30 millions. En 1825, les chiffres respectifs étaient de 24 et 60 millions, en 1830, de 20 et de 32. Avec le Brésil, le rapport était depuis 1820 de l'ordre de quatre contre un en faveur de la Grande-Bretagne (20 millions contre 4,2), en 1830, de six contre un. Les États-Unis ne conservaient leur avantage qu'avec Cuba en raison de la proximité. Cette emprise commerciale de la Grande-Bretagne à l'avant-garde de la révolution industrielle s'est accompagnée d'une exportation considérable de capitaux (40 millions de livres sterling jusqu'en 1830) ; le capital des États-Unis restait totalement absent : la conquête de l'Ouest absorbait toutes les forces de la jeune république. L'économie des États-Unis exportatrice de produits agricoles était une économie concurrente, l'économie industrielle anglaise, une économie complémentaire de celle de l'Amérique latine. La première manche a été gagnée par l'Angleterre. Quand l'apparition du navire à vapeur à coque métallique eut chassé les Yankees des mers, jusqu'à la seconde moitié du XIXe siècle, le pavillon et le commerce nord-américains furent relégués à l'arrière-plan dans les ports de l'Amérique latine.

II – LES INTERVENTIONS ARMÉES

Cependant, la conquête de l'Ouest s'est effectuée en partie au détriment de l'Amérique latine.

1803, achat de la Louisiane à Napoléon Ier qui venait de se la faire céder par l'Espagne : le premier recul de l'Amérique latine au profit des États-Unis. 1819, achat de la Floride à l'Espagne aux abois.

Malgré toute une législation prohibitive, le Gouvernement mexicain se révéla impuissant à arrêter la pénétration des colons venus des États-Unis sur le territoire du Texas, séparé par une frontière purement conventionnelle de l'ancienne Louisiane, emportés dans leur grande ruée vers l'Ouest. En 1836, incité par les États-Unis, le Texas proclama son Indépendance. Le dictateur mexicain Santa-Anna fut défait et pris. Le 1er mars 1847, le Texas entra dans la République fédérale, Taylor occupa la région du Rio Grande. La guerre éclata. Le Mexique fut vaincu, et le 2 février 1848, le traité de Guadalupe Hidalgo consacra le plus grand recul de l'Amérique latine. La moitié du territoire mexicain, deux millions de km², passait entre les mains des États-Unis. La frontière nord de l'Amérique latine était fixée au Rio Grande, où elle restera jusqu'à nos jours. Mais la guerre du Mexique n'est dans le fond qu'un épisode de la conquête du Far West.

Tandis que leur « frontière » recule à une cadence toujours plus rapide jusqu'à absorber tout l'Ouest, les États-Unis sortis de la grande crise de la guerre de Sécession (1861-1865) deviennent à leur tour une grande puissance industrielle et se lancent à pas de géant sur les traces de l'Europe. Le marché intérieur ne suffit plus à absorber la production nationale. Longtemps les plus grands importateurs de capitaux européens, les États-Unis deviennent à leur tour exportateurs de capitaux. En mal d'un surplus de produits et d'argent, il était naturel que la Grande République cherchât à empiéter sur ses voisins du Sud.

Les formes de l'impérialisme yankee sont diverses : brutales parfois. Cuba et Puerto-Rico, les deux derniers lambeaux de l'Empire espagnol, avaient bénéficié de gros investissements yankees dans leurs plantations de canne à sucre vers la fin du XIXe siècle. Les intérêts américains étaient menacés par l'état d'insécurité endémique de l'île régulièrement secouée par des soulèvements anti-espagnols ; depuis 1895, le général Weyler qui tentait d'écraser une nouvelle révolte de Cuba était l'objet des attaques intéressées de la presse américaine, car depuis 1894, la nouvelle politique douanière de l'Espagne lésait les intérêts nord-américains dans l'île. À la suite d'un incident malheureux (le cuirassé américain *Maine* explosa dans la rade de La Havane), les États-Unis saisirent le prétexte pour déclarer la guerre à l'Espagne. L'Espagne vaincue dut reconnaître au traité de Paris (8 décembre 1898), l'indépendance de Cuba, céder Puerto-Rico et les Philippines.

III – LES MODALITÉS DE L'EXPANSION YANKEE

Mis en appétit par ce premier succès, les États-Unis s'efforcèrent d'établir leur domination sur l'ensemble de la Méditerranée américaine. C'est la politique du *big stick.* Le sort de Cuba n'avait été qu'un prétexte. En juin 1901, l'amendement Platt voté par le Sénat transforma Cuba en un protectorat de fait des États-Unis : Haïti et Saint-Domingue subirent le même sort (1916 et 1924). Les États-Unis qui avaient racheté, en 1903, les travaux commencés dans l'isthme de Panama par la Compagnie française de Lesseps, réussirent au prix d'un gros effort à percer l'isthme, ouvrant à travers l'Amérique latine une grande voie de communication mondiale. La protection du canal fut un prétexte d'intervention. La petite république panaméenne fut créée en 1903 pour les besoins de la cause, à la suite d'une révolte habilement machinée contre la Colombie ; elle dut payer le tribut de sa naissance, en cédant aux États-Unis ses droits de souveraineté sur une bande de territoire de 10 miles de part et d'autre du canal. Interventions répétées dans la politique intérieure des petites républiques de l'Amérique centrale, intervention armée au Mexique même, en 1914 ; tels furent quelques-uns des aspects de la politique d'intervention brutale du jeune impérialisme yankee dans les pays riverains de la Méditerranée américaine où, dès avant 1914, commerce et capitaux nord-américains jouaient un rôle de premier plan.

Les formes de l'impérialisme yankee sont beaucoup plus souples, lorsqu'elles s'adressent aux États plus évolués et plus éloignés de leur prise directe. Les États-Unis, les premiers, avaient lancé dans la fameuse Déclaration (2 décembre 1823) le concept de solidarité interaméricaine ; Bolívar et ses émules hispano-américains se sont toujours montrés incapables de le mettre en pratique, mais les États-Unis en ont fait la base de leur action diplomatique et ont eu l'honneur de réaliser la politique des conférences panaméricaines qui réunissent tantôt dans une capitale, tantôt dans une autre, les chefs des États de l'hémisphère occidental, pour régler à l'amiable les difficultés pendantes et affirmer, au besoin, l'unité du continent à l'égard du monde. La première conférence panaméricaine fut convoquée en 1889, sur l'initiative de Washington, où elle devait se tenir ; d'autres ont suivi : 1901, 1902, 1906, 1910, 1923, 1928... ; avec l'administration de Hoover (1929-1933), et surtout de F. D. Roosevelt, les relations entre les États-Unis et l'Amérique latine sont empreintes d'une cordialité nouvelle. La montée des puissances de l'Axe, la Seconde Guerre mondiale ont fait prendre conscience aux États-Unis de la nécessité d'un rapprochement avec les pays de l'Amérique latine, pour la défense commune de l'hémisphère occidental.

Mais, la *good neighbor policy* du président Roosevelt ne doit pas faire oublier une grande réalité politique, la colonisation de l'Amérique latine par le commerce et les capitaux nord-américains. Jusqu'en 1914, la part des États-Unis dans le commerce de l'Amérique du Sud resta relativement faible, 1/5 du volume total. En 1913, 100 millions de dollars seulement de capitaux américains étaient investis en Amérique du Sud, 100 millions de dollars à Cuba, 1 050 000 000 de dollars au Mexique, le seul pays où les intérêts des États-Unis fussent prépondérants (on comprend l'intervention de 1914) ; soit au total 1 250 000 000 de dollars, un peu plus de 6 500 000 000 de francs-or, un capital de l'ordre des investissements français en Amérique latine et presque exclusivement concentré au Mexique ; comparé aux 20 000 000 000 de francs-or du portefeuille britannique, il conférait tout au plus aux États-Unis un rôle de brillant second.

Avec la Première Guerre mondiale et le coup sérieux qu'elle porte à l'économie européenne, la part des États-Unis en Amérique latine s'accroît. Dans le volume total des échanges, avec les différents États de l'Amérique latine, les États-Unis prennent désormais, très loin devant l'Angleterre, la première place (38,7 % des ventes en Amérique latine en 1929 contre 14,9 % pour la Grande-Bretagne, 36,1 % contre 12,2 % en 1938) ; et pour les achats dans les mêmes années, les chiffres respectifs des deux pays, l'Angleterre étant prise ici comme thermomètre de l'Europe, restent très en faveur des États-Unis (34 % contre 18 % en 1929, 31,7 % contre 16,3 % en 1938). À la veille de la dépression, le montant total des capitaux yankees investis en Amérique latine s'élevait à 4 050 000 000 de dollars, soit 37 % du total des investissements des États-Unis à l'étranger, peu s'en faut, autant que la Grande-Bretagne elle-même.

La tendance qui s'était dessinée au cours de la Première Guerre mondiale s'est trouvée renforcée encore par la Seconde Guerre mondiale. Dramatique à tous égards, la situation de l'Amérique latine, de l'Argentine surtout, qui vivait avant 1939 encore en grande partie des importations d'Europe. Le blocus anglais, puis anglo-américain a paralysé totalement les relations commerciales entre l'Amérique latine et l'Allemagne qui jouait dans les dernières années de l'entre-deux-guerres un rôle comparable à celui de l'Angleterre. Les nécessités de la guerre totale et les terribles ravages faits à la flotte commerciale britannique par la guerre sous-marine stoppèrent à peu près complètement les exportations anglaises en direction de l'Argentine : « Le trafic de Buenos Aires se réduit des deux tiers de 1939 à 1942. »[1] L'Argentine privée du charbon anglais utilise le maïs et le blé comme combustible. Partout, au cours de ces années, textiles et machines-outils manquent. Les États-Unis ont pris dans la mesure du possible la place occupée par l'Europe défaillante. Ils ont acquis des positions définitives. Les nécessités de l'économie de guerre ont considérablement accru leur portefeuille en Amérique latine. Pour se procurer les matières premières nécessaires à leur économie de guerre, ils ont fait un effort financier très considérable dans les mines sud-américaines. La production d'étain de la Bolivie a doublé pour suppléer à la défaillance de la Malaisie britannique occupée par les Japonais. La production du tungstène s'est également accrue. Des capitaux ont été investis au Brésil dans des plantations de caoutchouc...

De même que les États-Unis sont toujours, sans conteste, les meilleurs clients, les plus gros vendeurs, ils sont devenus désormais les banquiers de l'Amérique latine. Situation dangereuse, à la longue. Fidel Castro, aujourd'hui, le prouve, et la brèche qu'il ouvre au profit de l'impérialisme soviétique dans les défenses de l'hémisphère occidental.

1. J. Chardonnet, *Guerre ou Paix ?*, Paris, 1945.

Conclusion

Plus d'un siècle d'histoire depuis l'Indépendance n'aurait-il servi qu'à substituer la colonisation yankee à la colonisation ibérique ?

Certes non, car l'Amérique latine a pour elle tous les atouts d'un grand avenir. Sa culture qu'elle porte très haut et qu'elle a su préserver dans tous les domaines, ce sens de la culture auquel tous les historiens nord-américains rendent hommage. Qu'on n'attende pas de nous des énumérations bénisseuses.

Enfin la guerre elle-même, tout en renforçant l'emprise du capital nord-américain sur le Sud du continent n'en a pas moins offert à l'Amérique latine une grande chance de progrès : le début de son industrialisation. La carence de l'Europe a permis à certaines républiques de l'Amérique latine, aidées par le capital nord-américain lui-même, de jeter les bases d'une industrie nationale.

L'Argentine de Péron avait entrepris à Jujuy, au pied des Andes, les constructions d'une industrie métallurgique dont elle escomptait une production de 350 000 t de laminés.

Le Brésil, surtout, a mis à profit les années de la guerre et de l'après-guerre pour jeter également les bases d'une industrie métallurgique. Au cours des années de la guerre, non seulement le Brésil poussait au maximum la production de l'équipement existant, autour de Belo Horizonte

(Minas Geraes), mais il achevait la mise en place de son Magnitogorsk, les gigantesques aciéries de Volta Redonda, dont les plans avaient été soumis au Gouvernement brésilien dès 1940 par les ingénieurs de la *Mac Kee Corporation*... La mise en service prévue pour 1945 a été réalisée en 1946 ; véritable tour de force technique. Situées sur le Parahyba, à l'intersection des voies ferrées Rio-São Paulo et Rio-Belo Horizonte, les aciéries de Volta Redonda ont pris maintenant au Brésil le caractère symbolique qu'ont revêtu ailleurs les réalisations du Dnieprostroï ou de Génissiat..., machines à espoirs. Volta Redonda, s'il manque de coke, a en revanche à sa disposition les immenses réserves de minerai de fer des *Minas Gereas,* les deuxièmes du monde par la quantité (après l'URSS), les premières peut-être par la qualité.

Depuis 1948, tous les espoirs de la guerre et de l'après-guerre n'ont pas été tenus. L'Amérique latine est depuis 1962 un des points chauds du monde. De 1913 à 1929, le taux moyen de croissance annuelle du produit intérieur brut, autant qu'on puisse le saisir, se situait aux alentours de 2,8 % (1 % par tête). De 1929 à 1952, d'abord, de 1952 à 1957, ensuite, le taux s'était considérablement accru (3,5 puis 6,2 % pour le total ; 1,4 et 3,6 % par tête, compte tenu d'une des plus fortes expansions démographiques jamais observées). L'Amérique latine décollait lentement du groupe des pays sous-développés.

Depuis 1957, d'abord, 1963, surtout, tout s'effondre, sans que la démographie puisse être mise en cause. Depuis 1966-1967, une nette reprise. La croissance depuis 1970 semble avoir retrouvé le rythme des bonnes années. L'Amérique latine, toutefois, aujourd'hui comme hier, reste très en dessous d'un niveau de peuplement susceptible de permettre un rapport efficace de l'homme avec l'espace. Le continent latino-américain, parti de 20 millions au début du XIXe siècle, atteint 330 millions au milieu de la décennie 1970 du XXe siècle. Il lui en faudrait, au moins, le double. Au rythme actuel, le cap des 600 millions d'âmes serait franchi autour de l'an 2000. Mais rien ne permet de fonder semblables extrapolations. En 1976, l'Amérique latine est encore peu atteinte par le grand reflux de la vie qui s'amorce un peu partout depuis

1968-1969. Cependant, dans les Caraïbes et, depuis peu, même au Mexique, les premiers signes de la décélération se font jour. Seul le court terme est à peu près sûr. Or, le *lake off* des années 1940-1950 a tourné court. Depuis 1963, les gradients de la croissance économique latino-américaine sont tombés au-dessous de ceux combien insuffisants de la malheureuse et nombreuse Asie.

Cette évolution en dents de scie, cette incapacité à atteindre le stade partout de la croissance soutenue sont, à la fois, cause et conséquence de la situation sociale chaotique et du succès des maquis castristes et guévaristes, un peu partout, sur le continent. Rigidité des structures, médiocrité de l'appareil destiné à la transmission et à l'accroissement des connaissances..., mais aussi conjoncture défavorable. Le monde développé, tout entier, absorbé par la révolution des ordinateurs, se détourne du continent de la misère, de l'agitation, donc des médiocres rendements. Échec durable ? Crise passagère, crise de croissance ?

Il n'y a plus d'histoire latino-américaine, mais une histoire des hommes en Amérique latine. La crise du continent latino-américain est, d'abord, une crise de croissance. Le développement exige des hommes – l'Amérique latine en produit, heureusement –, et des hommes éduqués. Le développement suppose la diffusion, donc, d'une culture scientifique à dominante mathématique. La nature fait, peut-être, des sauts, malgré l'adage. La nature, peut-être, mais pas l'histoire. Le chemin court ne coupe pas à travers bois. On peut raccourcir les étapes à condition de toutes les franchir. Le continent latino-américain débouche sur une crise dont il est difficile d'apprécier l'ampleur et de prévoir la durée. Il reste pour un temps encore l'enjeu de conflits qui se jouent ailleurs.

Peu de choses à ajouter depuis 1995. L'Amérique latine s'aligne sur l'autosuicide d'une moitié de la planète. Plusieurs secteurs ont déjà cessé de remplacer la génération, mouvement masqué par le vieillissement. Le continent semble vouloir s'aligner sur le modèle italien et espagnol.

Postface

L'Amérique latine n'est pas encore entièrement guérie de l'erreur de Colomb et de la hâte de la *Conquista* qui a maximalisé un catastrophique choc microbien et viral. On peut imaginer un processus plus lent et moins coûteux à partir de la découverte du tronçon de côte du Brésil par Cabral sur la route du Cap et des Épices, en 1500.

Au début du IIIe millénaire, 525 millions d'âmes, 8 % de la famille humaine sur 22 % des terres émergées. Mieux que l'accélération de 215 à 525 millions en un demi-siècle, c'est la brutale décélération aujourd'hui qui pose problème. L'alignement est en train de se faire sur le pire, celui de l'Europe méditerranéenne. L'Amérique latine, ce précieux trésor, a encore quelques décennies de croissance démographique, mais par vieillissement, le remplacement de la dépendance de l'enfant par celle des vieillards.

La mondialisation est un phénomène largement positif. Elle repose sur le désir partout de s'aligner sur le meilleur. On cherche donc le bon indicateur. Hier, c'était la production de l'acier qui ne suffit pas. Le monde soviétique s'est évertué à en produire ; l'Amérique latine, ici et là, Brésil, Argentine, avait, au lendemain de la guerre, suivi à grands pas. On a donc produit « de l'acier pour la rouille ». Aujourd'hui, le bon test, ce serait « l'empêcher de naître ». La Chine a indiqué le chemin à ne pas suivre. Sur incitations extérieures et avec moyens procurés à l'appui, l'Amérique latine a suivi. Avec le choix du moyen le plus radical, des taux de stérilisation record qui ont pu atteindre, ici et là, 50 % des jeunes femmes à leur insu et dès le premier enfant. Le remords, peut-être, au mieux, mais rien pour le repentir. Le silence des guides de la spiritualité a été assourdissant.

Pierre Chaunu.

Bibliographie

Nous tenons à signaler tout d'abord le profit que nous avons tiré de l'enseignement de M. Fernand Braudel à l'École des hautes études. Si quelque chose vaut dans cette brochure, c'est à lui qu'elle le doit.

Ballesteros Gaibrois Manuel, *Historia de América,* Madrid, 1946, in-8°, p. XVI-506.

Cook S. F. et Borah W., *Essays in Population History. Mexico and the Caribbean*, vol. 1, Berkeley (Cal.), 1971, XIV-456 p.

Freis Herbert, *Europe the World's Banker*, NY, 1930.

Hamilton Earl J., *American Treasure and Prices Revolution in Spain,* Cambridge, 1934, in-8°

Haring Clarence H., *Trade and Navigation between Spain and Indies*, Cambridge, 1918, in-8°, p. XXVIII-372.

James Preston E., *Latin America,* Londres, 1941, in-8°, p. XX-909.

Merriman R. B., *The Rise of Spanish Empire*, t. III et IV, NY, 1925, in-8°, p. XXVI-696; NY, 1934, p. XXIV-780.

Morales Padrón Francisco, *Historia general de América,* Madrid, Espasa Calpe, 1962, in-4°, 798 p. et 724 p.

Pépin E., *Le Panaméricanisme*, Paris, 1938

Ricard R., *La Conquête spirituelle du Mexique*, Paris, 1933

Ramos Pérez Demetrio, *Historia de la Colonización española en América,* Madrid, 1947, in-8°, p. XVIII-548.

Rippy J. Fred, *Historical Evolution of Hispanic America,* NY, 3e éd., 1946, in-8°, p. XVIII-584.

Spence Robertson William, *France and Latin American Independance*, Baltimore, 1939, in-8°, p. XVI-626.

Garcia Samudio Nicolas, *Independancia de Hispano América,* Mexico, 1945, p. 220

Sauer C. O., *The Early Spanish Main,* Berkeley (Cal.), 1966, XII-306 p.

Siegfried A., *L'Amérique latine.*
Smith T. Lynn, *Peoples and Institutions of Brazil*, Louisiana University Press, 1946, in-8°, p. XXIV-843.
Tapié Victor-Lucien, *Histoire de l'Amérique latine au XIXe siècle*, Paris, 1945
Willcox Walter F., *International Migrations,* NY, 1929-1931, 2 vol.
Wilgus A. Curtis, *The Development of Hispanic America,* NY, 3e éd., 1947, p. XVIII-942.
Whitaker Arthur Preston, *The United States and the Independence of Latin America (1800-1830),* Baltimore, 1941, p. XX-632.
Zavala Silvio, *Programa de Historia de América en la epoca colonial*, Mexico, DF, 1961, in-4°, XII-406 p.
Plusieurs excellents ouvrages récents en français :
Bataillon Marcel, *Études sur Bartolomé de Las Casas*, Paris, 1965, 366 p.
Duviols Pierre, *La lutte contre les religions autochtones dans le Pérou colonial*, Paris, Lima, 1971, 428 p.
Lambert D.-C., Martin J.-M., *L'Amérique latine. Économie et sociétés*, Paris, A. Colin, 412 p.
Lambert Jacques, *Amérique latine. Structures sociales et institutions politiques*, Paris, PUF, 1962, 448 p.
Léon Pierre, *Économies et sociétés de l'Amérique latine. Essai sur le problème du développement à l'époque contemporaine,* Paris, SEDES, 1969, 480 p.
Saint-Lu André, *La Vera Paz, Esprit évangélique et colonisation,* Paris, 1968, 658 p.
Wachtel Nathan, *La Vision des vaincus. Les Indiens du Pérou devant la conquête espagnole,* Paris, Gallimard, 1971, 396 p.

Et plus particulièrement, la monumentale *Historia de América,* dirigée par Don Antonio Ballesteros Beretta, 24 in-4° prévus de 600 à 800 p., dont plusieurs tomes sont déjà parus.

Depuis 1948, un travail très considérable a été fait.

Au tout premier rang, pour la période coloniale, signalons les travaux de l'École de Berkeley (les 45 volumes de l'admirable collection *Ibero Americana* de l'université de Californie), les études (plus de 100 volumes) de l'*Escuela de Estudios americanos* de Séville, des revues comme l'*Hispanic American Historical Review* (depuis 1918), la *Revista de Historia de América* (Mexico), la *Revista de Indias* (Madrid), l'*Anuario de Estudios americanos* (Séville), la *Revista de Historia* (São Paulo), etc. Pour l'histoire des trente dernières années, la masse imposante des publications de la CEPAL (UNO, New York).

Sur un point particulier d'histoire économique quantitative, nos propres travaux, *Séville et l'Atlantique (1504-1650), Les Philippines et le Pacifique des Ibériques, L'Amérique et les Amériques,* etc.

Et sur la découverte, une réévaluation : *Colomb ou la logique de l'imprévisible,* F. Bourin, 1993, 304 p.

Table des matières

TROISIÈME PARTIE

L'AMÉRIQUE LATINE LIBRE (?) :
DE LA COLONISATION IBÉRIQUE
À LA COLONISATION YANKEE

CARTES

DANS LA COLLECTION « QUADRIGE »

Histoire/Géographie/Arts

AUBOYER Jeannine, AYMARD André, *L'Orient et la Grèce antique*
— *Rome et son Empire*
BARBICHE Bernard, *Les institutions de la monarchie française à l'époque moderne*
BARJOT Dominique, CHALINE Jean-Pierre, ENCREVÉ, André, *La France au XIXe siècle, 1814-1914*
BÉLY Lucien, *La France moderne, 1498-1789*
BRAUDEL Fernand, LABROUSSE Ernest, *Histoire économique et sociale de la France* (4 vol.)
CHAUNU Pierre, *Histoire de l'Amérique latine*
CHAPOUTOT Johann, *Le nazisme et l'Antiquité*
CHARLE Christophe, VERGER Jacques, *Histoire des universités*
CONTAMINE Philippe, CORVISIER André, *Histoire militaire de la France* (4 vol.)
EINAUDI Jean-Luc, *Un rêve algérien*
GANDHI, *Autobiographie ou mes expériences de vérité*
GAUVARD Claude, *La France au Moyen Âge du Ve au XVe siècle*
GRIMAL Pierre, *La mythologie grecque*
HAUSER Arnold, *Histoire sociale de l'art et de la littérature*
JOUANNA Arlette, *La France du XVIe siècle*
KASPI André, DURPAIRE François, HARTER Hélène, LHERM Adrien, *La civilisation américaine*
LACROIX Jean-Michel, *Histoire des États-Unis*
LE GLAY Marcel, LE BOHEC Yann, VOISIN Jean-Louis, *Histoire romaine*
LE GOFF Jacques, *Marchands et banquiers du Moyen Âge*
LEBECQ Stéphane, *Histoire des îles Britanniques*
LEROI-GOURHAN André, *Les religions de la préhistoire*
MALSON Lucien, BELLEST Christian, *Le jazz*
MARX William, *Les arrière-gardes au XXe siècle*
MATARD-BONUCCI Marie-Anne, *L'Italie fasciste et la persécution des juifs*
MIOSSEC Jean-Marie, *Géohistoire de la régionalisation en France*
MOUSNIER Roland, *Les XVIe et XVIIe siècles*
— *Les institutions de la France sous la monarchie absolue*
ORRIEUX Claude, SCHMITT PANTEL Pauline, *Histoire grecque*
PHAN Bernard, *Chronologie de la mondialisation*
POUMARÈDE Géraud, *Pour en finir avec la Croisade*
RÉMOND René, *Histoire des États-Unis*
SALA-MOLINS Louis, *Le Code Noir ou le calvaire de Canaan*
SCHŒLCHER Victor, *Esclavage et colonisation*
SIRINELLI Jean-François, *Génération intellectuelle. Khâgneux et Normaliens dans l'entre-deux-guerres*
SOBOUL Albert, *La Révolution française*
TULARD Jean, *La France de la Révolution et de l'Empire*
VAN YPERSELE Laurence, *Questions d'histoire contemporaine*
VERGER Jacques, *Les universités au Moyen Âge*
WERTH Nicolas, *Histoire de l'Union soviétique*

Littérature

ALAIN, *Stendhal et autres textes*
ANDREAS-SALOMÉ Lou, *Ma vie*

AUROUX Sylvain, *La question de l'origine des langues*, suivi de *L'historicité des sciences*
BELLEMIN-NOËL Jean, *Psychanalyse et littérature*
BONY Alain, BAUDOIN Millet, WILKINSON Robin, *Versions et thèmes anglais*
CARON Jean, *Précis de psycholinguistique*
COUDERC Christophe, *Le théâtre espagnol du Siècle d'Or (1580-1680)*
DELEUZE Gilles, *Proust et les signes*
DURAND Gilbert, *L'imagination symbolique*
ECO Umberto, *Sémiotique et philosophie du langage*
FREDOUILLE Jean-Claude, ZEHNACKER Hubert, *Littérature latine*
GÉNETIOT Alain, *Le classicisme*
HAMON Philippe, *Texte et idéologie*
HAMSUN Knut, *Faim*
HENAULT Anne, *Les enjeux de la sémiotique*
JARRETY Michel, *La poésie française du Moyen Âge au XXe siècle*
JULLIEN François, *La valeur allusive*
LARTHOMAS Pierre, *Le langage dramatique*
MARTIN Robert, *Comprendre la linguistique*
MEYER Michel, *Le comique et le tragique*
MIQUEL André, *La littérature arabe*
MOLINIÉ Georges, *La stylistique*
MONNERET Philippe, *Exercices de linguistique*
MONTAIGNE Michel Eyquem de, *Les Essais. Livres I à III*
MOURA Jean-Marc, *Littératures francophones et théorie postcoloniale*
PRIGENT Michel, *Le héros et l'État dans la tragédie de Pierre Corneille*
REBOUL Olivier, *Introduction à la rhétorique*
RIEGEL Martin, PELLAT Jean-Christophe, RIOUL René, *Grammaire méthodique du français*
ROMILLY Jacqueline de, *La tragédie grecque*
— *Précis de littérature grecque*
SAÏD Suzanne, TRÉDÉ Monique, LE BOULLUEC Alain, *Histoire de la littérature grecque*
SENGHOR Léopold Sédar, *Anthologie de la nouvelle poésie nègre et malgache de langue française*
SOLER Patrice, LABRE Chantal, *Études littéraires*
SOUILLER Didier, FIX Florence, HUMBERT-MOUGIN Sylvie, ZARAGOVA Georges, *Études théâtrales*
SOUTET Olivier, *Linguistique*
VIALA Alain, *Lettre à Rousseau sur l'intérêt littéraire*
— *Le théâtre en France*
WALTER Henriette, FEUILLARD Colette, *Pour une linguistique des langues*
ZINK Gaston, *Phonétique historique du français*
ZINK Michel, *Littérature française du Moyen Âge*
ZWEIG Stefan, *Montaigne*

Religions

ARVON Henri, *Le bouddhisme*
BENOIT XVI, *La théologie de l'Histoire de saint Bonaventure*
FEBVRE Lucien, *Martin Luther, un destin*
GISEL Pierre, *La théologie*
GORCEIX Bernard, *La bible des Rose-Croix*
HALBWACHS Maurice, *La topographie légendaire des évangiles en Terre sainte*
NAUDON Paul, *La franc-maçonnerie*
RENOU Louis, *L'hindouisme*
REVUE DIOGÈNE, *Chamanismes*
SOURDEL Dominique, *L'islam médiéval*

DANS LA COLLECTION « DICTIONNAIRES QUADRIGE »

AMBRIÈRE Madeleine, *Dictionnaire du XIXe siècle européen*
ANDRIANTSIMBAZOVINA Joël, GAUDIN Hélène, MARGUENAUD Jean-Pierre, *Dictionnaire des droits de l'homme*
ARABEYRE Patrick, HALPÉRIN Jean-Louis, KRYNEN Jacques, *Dictionnaire historique des juristes français, XIIe-XXe siècle*
ARMOGATHE Jean-Robert, *Histoire générale du christianisme* (2 vol.)
BAECQUE Antoine de, CHEVALLIER Philippe, *Dictionnaire de la pensée du cinéma*
BÉLY Lucien, *Dictionnaire de l'Ancien Régime*
BENCHEIKH Jamel Eddine, *Dictionnaire de littératures de langue arabe et maghrébine francophone*
BEVORT Antoine, JOBERT Annette, LALLEMENT Michel, MIAS Arnaud, *Dictionnaire du travail*
BONVINI Emilio, BUSUTTIL Joëlle, PEYRAUBE Alain, *Dictionnaire des langues*
BORLANDI Massimo, BOUDON Raymond, CHERKAOUI Mohamed, VALADE Bernard, *Dictionnaire de la pensée sociologique*
BOUDON Raymond, BOURRICAUD François, *Dictionnaire critique de la sociologie*
BOUVIER Alain, GEORGE Michel, LE LIONNAIS François, *Dictionnaire des mathématiques*
CANTO-SPERBER Monique, *Dictionnaire d'éthique et de philosophie morale*
CHATELÊT François, DUHAMEL Olivier, PISIER Évelyne, *Dictionnaire des œuvres politiques*
CRÉPIEUX-JAMIN Jules, *ABC de la graphologie*
DELON Michel, *Dictionnaire européen des Lumières*
DELPORTE Christian, MOLLIER Jean-Yves, SIRINELLI Jean-François, *Dictionnaire d'histoire culturelle de la France contemporaine*
DOUIN Jean-Luc, *Dictionnaire de la censure au cinéma*
ENCKELL Pierre, RÉZEAU Pierre, *Dictionnaire des onomatopées*
FILLIOZAT Pierre-Sylvain, *Dictionnaire des littératures de l'Inde*
FOULQUIÉ Paul, *Dictionnaire de la langue pédagogique*
GAUVARD Claude, LIBERA Alain de, ZINK Michel, *Dictionnaire du Moyen Âge*
GEORGE Pierre, VERGER Fernand, *Dictionnaire de la géographie*
GISEL Pierre, *Encyclopédie du protestantisme*
HERVIEU-LÉGER Danièle, AZRIA Régine, *Dictionnaire des faits religieux*
HOUDÉ Olivier, *Vocabulaire de sciences cognitives*
HUISMAN Denis, *Dictionnaire des philosophes*
IZARD Michel, BONTE Pierre, *Dictionnaire de l'ethnologie et de l'anthropologie*
LACOSTE Jean-Yves, RIAUDEL Olivier, *Dictionnaire critique de théologie*
LAFON Robert, *Vocabulaire de psychopédagogie et de psychiatrie de l'enfant*
LALANDE André, *Vocabulaire technique et critique de la philosophie*
LAPLANCHE Jean, PONTALIS Jean-Bertrand, *Vocabulaire de la psychanalyse*
LECLANT Jean, *Dictionnaire de l'Antiquité*
LECOURT Dominique, *Dictionnaire de la pensée médicale*
— *Dictionnaire d'histoire et philosophie des sciences*
LÉVY André, *Dictionnaire de littérature chinoise*
LIGOU Daniel, *Dictionnaire de la franc-maçonnerie*
MARCELLI Daniel, LE BRETON David, *Dictionnaire de l'adolescence et de la jeunesse*
MARZANO Michela, *Dictionnaire du corps*
— *Dictionnaire de la violence*
MERLIN Pierre, CHOAY Françoise, *Dictionnaire de l'urbanisme et de l'aménagement*
MONCELON Claire, VERNETTE Jean, *Dictionnaire des groupes religieux aujourd'hui*
MONTBRIAL Thierry de, KLEIN Jean, *Dictionnaire de stratégie*
MOUNIN Georges, *Dictionnaire de la linguistique*

ORIGAS Jean-Jacques, *Dictionnaire de littérature japonaise*
PIÉRON Henri, *Vocabulaire de la psychologie*
POULAIN Jean-Pierre, *Dictionnaire des cultures alimentaires*
POUPARD Paul, *Dictionnaire des religions*
PRIGENT Michel, BERTHIER Patrick, JARRETY Michel, *Histoire de la France littéraire* (3 vol.)
ROMILLY Jacqueline de, *Dictionnaire de littérature grecque ancienne et moderne*
SAVIDAN Patrick, MESURE Sylvie, *Le dictionnaire des sciences humaines*
SIRINELLI Jean-François, *Dictionnaire historique de la vie politique française au XXe siècle*
SOBOUL Albert, *Dictionnaire historique de la Révolution française*
SOURDEL Dominique, SOURDEL-THOMINE Janine, *Dictionnaire historique de l'islam*
SOURIAU Anne, SOURIAU Étienne, *Vocabulaire d'esthétique*
TEYSSIER Paul, *Dictionnaire de littérature brésilienne*
VAN ZANTEN Agnès, *Dictionnaire de l'éducation*
ZUBER Roger, FUMAROLI Marc, *Dictionnaire de littérature française du XVIIe siècle*

Achevé d'imprimer en novembre 2015
sur les presses numériques de l'Imprimerie Maury S.A.S.
Z.I. des Ondes - 12100 Millau
N° d'impression : J15/53131H

Imprimé en France